Norbert Röttgen
Demokratie und Krieg

# NORBERT RÖTTGEN

# DEMOKRATIE
# UND KRIEG

Deutsche Politik und deutsche Identität
in Zeiten globaler Gefahr

dtv

© 2024 dtv Verlagsgesellschaft mbH & Co. KG, München
Satz: Fotosatz Amann, Memmingen
Gesetzt aus der DTL Documenta TOT
Umschlaggestaltung: Daniela Hofner | buxdesign, München
Druck und Bindung: CPI books GmbH, Leck
Printed in Germany · ISBN 978-3-423-26411-2

# INHALT

# EINLEITUNG

Der Landkrieg vergangener Jahrhunderte ist am 24. Februar 2022 nach Europa zurückgekehrt. Die längste Friedensepoche der europäischen Geschichte ist zu Ende gegangen. Das Schlachtfeld dieses Krieges ist die Ukraine, jenes Land, gegen das Russland unter Putin einen alles und alle verachtenden Vernichtungskrieg führt. Seitdem dieser Krieg begonnen hat, wird die Diskussion darüber, was er für die Sicherheit ganz Europas bedeutet, ununterbrochen, leidenschaftlich und kontrovers geführt. Ich halte diesen Krieg und die Frage, ob es gelingt, den Krieg zu besiegen und wieder aus Europa zu verbannen, für die Schicksalsfrage unseres Kontinents. Insofern lag ein Beweggrund von mir, dieses Buch zu schreiben, in der Analyse und der Kritik, dass weder die deutsche Politik noch die des Westens insgesamt diese historisch schicksalhafte Bedeutung verinnerlicht haben, geschweige denn ihr bislang gerecht geworden sind.

Aber das eigentliche Thema und damit das entscheidende Motiv für dieses Buch ist, den Konflikten unserer Zeit, zu denen auch der Nahostkonflikt gehört, nicht isoliert als außenpolitischer Sicherheitsfrage, sondern als existenzieller Herausforderung für unsere Demokratie nachzuspüren. Krieg als Thema unserer Demokratie gewinnt seine politische Bedeutung und Brisanz wiederum aus einem ganz besonderen Umstand: der Krise der Demokratie des Westens. Die Ausprägungen dieser Krise unterscheiden sich in ihrer äußeren Gestalt je nach den historischen, kulturellen und politischen Besonderheiten der einzelnen Länder. Sie weisen aber bemerkenswerte strukturelle Parallelen auf: die politische Mitte erodiert, neue extreme Parteien steigen auf, bestehende Parteien radikalisieren sich, Meinungen werden zu Identitäten und Wahrheiten, die Abweichungen nicht tolerieren. Die Bereitschaft und Einsicht zum Kompromiss weichen dem unversöhnlichen, immer öfter hasserfüllten Gegeneinander, das nur Sieg oder Niederlage kennt.

Die Krise der westlichen Demokratie erschöpft sich aber keinesfalls in diesen Phänomenen. Wir leben in einem Zeitalter technologischer Disruptionen, geopolitischer Ordnungserosion sowie der menschengemachten Bedrohung unserer planetaren Lebensbedingungen durch den Klimawandel. Damit einher geht für sehr viele Menschen ein radikaler Verlust von Sicherheit, Besitzstand und Status, der sich in offenen demokratischen Gesellschaften ganz anders artikuliert als in autokratisch-repressiven Systemen. Dieser enorme Problemdruck, der die Menschen konkret und persönlich trifft, führt dazu, dass die Ansprüche an die politische Kompetenz, Führungs- und Integrationsfähigkeit der Parteien und des politischen Personals in den Demokratien kaum jemals so hoch waren wie heute. So berechtigt diese Ansprüche sind, so überfordert zeigen sich die Parteien und ihr Personal von der Notwendigkeit, sich intellektuell und performativ auf die radikalen Veränderungen einzustellen. Viele Bürger fühlen sich infolge fehlender Problemlösungskompetenz nicht mehr vertreten. Diese Repräsentationslücke schwächt das demokratische System in einer Zeit, in der es hochleistungsfähig sein müsste. Und je härter, hasserfüllter und unnachgiebiger die politische Auseinandersetzung wird, desto weniger kluge und verantwortliche Köpfe streben in die Politik, um ebenjene Repräsentationslücke durch Kompetenz und Empathie wieder zu schließen. Ein gefährlicher Teufelskreis setzt ein, den Populisten mit vermeintlich einfachen Lösungen für sich zu nutzen wissen.

Wie kann sich der demokratische Westen nach außen gegenüber Krieg und globalen Gefahren behaupten, wenn die westliche Demokratie im Innern derart massiv unter Druck steht? Welche Wechselbeziehungen entstehen zwischen der bedrohlichen äußeren Sicherheitslage einerseits und den gesellschaftlichen Einstellungen und Reaktionen andererseits? Zu welchen neuen gesellschaftlichen Konfliktlinien und Übereinstimmungen kommt es? Wie verändern sich politische Lagerbildungen und gesellschaftliche Koalitionen? Wachsen die Demokratien auch im Innern an den extremen Bedrohungen von außen – oder scheitert die Demokratie?

Diese Fragen werden vor allem durch den russischen Angriffskrieg gegen die Ukraine und die hierin liegende Bedrohung der Sicherheit ganz Europas hervorgerufen – aber nicht nur. Auch der Terror der Hamas gegen Israel und der folgende Gaza-Krieg haben erhebliche kontroverse und aggressive Reaktionen in den westlichen Gesellschaften erzeugt. Und wenn es zum Krieg Chinas gegen Taiwan käme, wäre nicht nur die deutsche Wirtschaft nicht mehr das, was sie vorher war. Auch dies wäre dann keinesfalls nur ein außen- und sicherheitspolitisches Ereignis, sondern hätte massive gesellschaftliche Konsequenzen.

Für Deutschland und die deutsche Gesellschaft stellen sich diese Fragen in einer fundamentalen und zugespitzten Form, wie es bei keinem anderen westlichen Land der Fall ist. Die außenpolitischen Kriege und Konflikte unserer Zeit bringen Deutschland in eine Rolle und Verantwortung, die für uns neu ist. Über viele Jahrzehnte kam niemand innerhalb und außerhalb Deutschlands auf die Idee, eine besondere außen- und sicherheitspolitische Gestaltung oder sogar Führungsverantwortung für unser Land zu thematisieren oder gar einzufordern. Gleichzeitig hatte sich in Deutschland im Lauf der Jahrzehnte eine ausgeprägte pazifistische Grundhaltung in Gesellschaft und Politik etabliert.

Mit dem Krieg Russlands gegen die Ukraine hat sich beides in sein Gegenteil verkehrt. Europäische Sicherheit ist ohne Deutschland nicht mehr denkbar, Deutschland ist das wichtigste europäische Land für die Unterstützung der Ukraine und die Wiederherstellung von Sicherheit in Europa. Gleichzeitig hat in der deutschen Gesellschaft ein Paradigmenwechsel in der Haltung zu Fragen der militärischen Sicherheit stattgefunden. Die große Mehrheit der Bevölkerung sieht in der Herstellung der militärischen Fähigkeit Deutschlands zur Landes- und Bündnisverteidigung ein sehr wichtiges Anliegen und akzeptiert die dafür notwendigen Ausgaben. Die Deutschen wissen, was auf dem Spiel steht – Sicherheit, Freiheit und Frieden in Europa –, und sie wissen, dass es auch auf Deutschland ankommt.

Dennoch darf man sich nichts vormachen. Schon die Dauer der gegenwärtigen Kriege ist nicht abzusehen, und der geopolitische Systemkonflikt mit China wird wohl die überwölbende globale Konstellation für Jahrzehnte sein. In einer solchen Lage ist politische Führung essenziell, doch leider sucht man sie bei den Regierungen in Deutschland und Europa vergeblich. Extreme und destruktive Kräfte hingegen agitieren bereits heute gegen die Unterstützung der Ukraine. Das wird weitergehen. Darum sind Ermüdungserscheinungen demokratischer Gesellschaften nicht ausgeschlossen.

In Zeiten, in denen es um Krieg oder Frieden geht, kommt der Außenpolitik eine schicksalhafte Aufgabe zu – sowohl für das, was in den einzelnen Kriegen und Krisen auf dem Spiel steht, als auch für das Vertrauen in unsere Demokratie und deren Legitimität. In dem politischen Ringen und den Herausforderungen, die vor uns liegen, bleibt darum eines gerade für Deutschland unausweichlich: Wir müssen beantworten, wer und was wir sein wollen in einer Zeit der Kriege und der globalen Gefahren. Krieg ist eine demokratische Herausforderung der besonderen Art: Sie ist eine Frage unserer Identität.

Die Aufgabe, die vor den Deutschen, den Europäern und dem Westen insgesamt liegt, hat historische Größe: den Krieg wieder aus Europa zu verbannen, eine europäische Sicherheitsordnung zu begründen, die über die bisherigen Staaten der EU und der NATO hinausgehen muss, sowie an der Vision einer Europäischen Friedensordnung festzuhalten, die nur dann Wirklichkeit wird, wenn ein post-imperialistisches Russland ein Teil von ihr geworden ist. Diese moralisch-historische Aufgabe anzunehmen ist mehr als Politik und geht erst recht weit hinaus über technische Einzelaspekte militärischer oder finanzieller Natur. Es geht um die Bestimmung unserer Identität, die wir als solche nicht an Regierungen delegieren können, sondern die wir als Gesellschaft, als Nation demokratisch entscheiden müssen. Wer und was wollen wir sein als Akteure unserer Zeit, in der es um alles geht – um Sicherheit, Freiheit und Frieden?

Sind wir bereit, dafür einzustehen?

Weil ohne Sicherheit, Freiheit und Frieden alles nichts ist.

# TEIL 1
# WIE KRIEGE UNSERE DEMOKRATIE VERÄNDERN

# 1.
# DER KRIEG RUSSLANDS GEGEN DIE UKRAINE UND DER PARADIGMENWECHSEL IN DEUTSCHLAND

Der Angriff Russlands auf die Ukraine am 24. Februar 2022 ist eine historische Zäsur. Dieses Datum markiert einen zivilisatorischen Bruch, der nach über einem Dreiviertel-jahrhundert den Landkrieg nach Europa zurückgebracht hat. Der Krieg hat Europa und die europäische Geschichte grundlegend verändert und wird das Schicksal Europas auf Jahre und Jahrzehnte bestimmen.

Wie genau, wissen wir noch nicht. Aber dass es um das Schicksal Europas in seinen Grundlagen geht, nämlich um Frieden und Freiheit, das ist schon jetzt klar und wird von den meisten verstanden. Dieses Bewusstsein von der Rück-kehr des Krieges nach Europa, die Empathie mit den Opfern und deren Leid, aber eben auch ein Verständnis von der his-torischen Dimension dieses Geschehens für unsere Sicher-heit und unser freiheitliches Leben in Europa, hat die deut-sche Gesellschaft durch und durch ergriffen.

Der Krieg hat eine völlig neue außenpolitische Lage glo-bal, in Europa und für Deutschland geschaffen. Aber gleich-zeitig auch viel mehr als das, er hat die Menschen verän-dert, unsere Mentalität, unser Denken und Fühlen. Wie wir heute in Deutschland über Sicherheit denken, welche Rolle und Bedeutung wir militärischen Fähigkeiten und unserer Bundeswehr beimessen, wie wir heute Russland sehen und welche militärischen Entscheidungen getroffen werden, hat nichts mehr mit dem zu tun, wie vor dem Krieg Russlands gegen die Ukraine in Deutschland über all diese Fragen mehrheitlich gedacht, diskutiert und politisch entschieden wurde.

Besonders für Deutschland kam die Entschlossenheit Putins zum Krieg weitgehend unerwartet. Bis in die höchsten Stellen des Staates dauerte die Abwehr der Vorstellung, dass Putin die Ukraine mit Krieg überziehen würde, bis zum endgültigen Beweis des Gegenteils am 24. Februar 2022 an. Ich selbst hatte seit der Annexion der Krim im Jahre 2014, also seit rund acht Jahren, die deutsche Russlandpolitik immer wieder kritisiert, weil sie nach meiner Bewertung überwiegend aus dem untauglichen Versuch des Appeasements von Putin und dem Nachgeben gegenüber bestimmten Industrieinteressen bestand. Aber auch ich hatte bis etwa sechs Monate vor Beginn der russischen Vollinvasion nicht mit dieser gerechnet.

Der unterschiedliche Umgang mit den Informationen über einen bevorstehenden Angriff Putins auf die Ukraine in den Monaten vor Kriegsbeginn ist allerdings bezeichnend. Bereits das, was man ohne eigenen Zugang zu geheimen Quellen hören und in Zeitungen lesen konnte, ergab zunehmend das Bild von Russlands Kriegsvorbereitungen. Zu lesen war in den Medien über den massiven Aufmarsch russischer Truppen an der Grenze zur Ukraine, und das zum zweiten Mal binnen kürzester Zeit. Schließlich wurde über große Vorräte an Blutkonserven berichtet, die an die Grenze gebracht würden. Unzweifelhaft war ebenfalls, dass die öffentlich gewordenen Informationen allein auf amerikanischen Quellen beruhten. Die Amerikaner waren sehr klar und eindeutig in ihrer Einschätzung, und sie drängten ihre Alliierten, sich auf die neue Lage einzustellen.

Die Münchner Sicherheitskonferenz (MSC) im Jahr 2022 fand vom 18. bis zum 20. Februar statt, also wenige Tage vor Kriegsausbruch. Ein bevorstehender Angriff Russlands auf die Ukraine war Dauergespräch während der gesamten Konferenz. Dabei entstand bei mir nicht der Eindruck, dass die Bundesregierung zu diesem Zeitpunkt irgendwelche Vorbereitungen darauf getroffen hätte. Sämtliche amerikanische Gesprächspartner während der Konferenz hatten mir gegenüber – freundlich gesprochen – ihr Unverständnis über die abwehrende Haltung der Vertreter der Bundesregierung gegenüber den auf amerikanischen Quellen beruhenden Informationen über einen bevorstehenden Krieg Russlands zum Ausdruck gebracht. Bis zum finalen Beweis des Gegenteils wurde an dem seit Jahren bestehenden Muster der deutschen Politik gegenüber Russland und speziell gegenüber Putin festgehalten.

Dieses Verhaltensmuster lässt sich so beschreiben, dass man zwar sah, ja sehen musste, was alle sehen konnten, aber man hatte beschlossen, nicht sehen zu wollen. Hier könnten viele Beispiele angeführt werden, aber besonders treffend brachte dieses Verhaltensmuster und das mit ihm verbundene deutsche Wunschdenken die SPD-Parteivorsitzende Saskia Esken zum Ausdruck. Wenige Tage vor Beginn der MSC am 15. Februar 2022 twitterte sie: »Putin zieht Truppen teilweise ab und zeigt sich ›bereit, den Weg der Verhandlungen zu gehen‹. Das ist das erste Ergebnis einer beeindruckenden Krisendiplomatie der Ampelregierung und des Bundeskanzlers.« Das Gegenteil war der Fall. Putin nahm die zu ihm eilenden westlichen Staats- und Regierungschefs, die er an einem absurd langen Tisch hatte Platz nehmen lassen, nicht ernst. Nur wenige Tage später gab er den Befehl zum Krieg.

Wie ist dieser tief sitzende, realitätsimmune Verdrängungsmechanismus, der über viele Jahre und parteiübergreifend herrschte, zu erklären? Meine Antwort ist diese: Hätte man nicht beschlossen, das, was spätestens seit der Annexion der Krim im Jahre 2014 zu sehen war, zu verdrängen, hätte dies unweigerlich zu grundlegenden Korrekturen in der deutschen Russlandpolitik, Sicherheitspolitik, Energiepolitik und Haushaltspolitik führen müssen.

Eine solche Kurskorrektur wäre auf den erbitterten Widerstand der Regierungspartei SPD sowie wesentlicher Teile der deutschen Industrie gestoßen. Heiko Maas ist als Außenminister bei seinem ansatzweisen Versuch hierzu an seiner eigenen Partei und Fraktion gescheitert. Zur Wahrheit gehört auch, dass in der gesamten damaligen CDU-geführten Bundesregierung die notwendige Führungs- und Veränderungsbereitschaft nicht vorhanden war.

Objektiv festzustellen ist ein – bis heute nicht aufgearbeitetes – kollektives politisches Führungsversagen in Deutschland. Aber auch in der deutschen Öffentlichkeit hätte es eine solche Kurskorrektur sehr schwer gehabt. Denn das, was heute die mehrheitliche deutsche Haltung gegenüber der Aggressivität Putins und seiner imperialen Machtansprüche ist, und die Einsicht in die Notwendigkeit, dieser Aggressivität entschlossen entgegenzutreten, war damals überhaupt nicht die herrschende außenpolitische Sichtweise in Deutschland. Eine militärskeptische bis pazifistische Grundhaltung war verbreitet. Dialog und Diplomatie galten als die praktisch einzigen Instrumente zur Sicherung des Friedens in Europa. Die Rede davon, dass es in Europa *nur* Sicherheit und Frieden mit Russland, aber niemals gegen Russland geben könne, hatte ihre verführerische Wirkung breit entfaltet. Diese Sichtweisen und Haltungen haben sich seit dem Krieg in der Ukraine grundlegend gewandelt.

Der Krieg in Europa, mit dem wir es seit dem 24. Februar 2022 zu tun haben, hat nicht nur eine außenpolitische Extremsituation geschaffen, sondern auch eine veränderte innenpolitische Lage erzeugt. Die Zuspitzung durch Krieg macht zudem die Verbindung, die Interaktion und die wechselseitige Bedingtheit zwischen Außen- und Innenpolitik sichtbar. Ja, es zeigt sich eine untrennbare Verwobenheit von außenpolitischem Handeln einerseits und der gesellschaftlichen Mentalität und Diskussion andererseits, wenn es um die Fragen von Sicherheit und Frieden in Europa geht. Außenpolitik in einer Zeit des Krieges in Europa ist kein von der innenpolitischen Lage abtrennbares und abgehobenes Fachgebiet. Außenpolitik und Gesellschaft bilden in diesem Zusammenhang eine untrennbare Einheit. Ohne gesellschaftliche Akzeptanz und Unterstützung wäre jede Bundesregierung aufgeschmissen, in ihrer Außenpolitik den Kurs zu verfolgen, dem Krieg Putins durch massive Militärhilfe für die Ukraine entgegenzutreten. Umgekehrt erzeugt die Frage, ob eine solche Außenpolitik unbedingt geboten oder im Gegenteil ein verheerender Irrweg sei, gesellschaftlich eine neue Debattenlage, neue Spannungen und Trennlinien sowie neue Allianzen und Mehrheiten.

Dieser Zusammenhang bringt ein weiteres Element ins Spiel, das sowohl für den Prozess gesellschaftlicher Meinungs- und Akzeptanzbildung als auch für eine wirksame und gestaltende Außenpolitik unverzichtbar ist, nämlich das, was man mit dem englischen Wort *political leadership* beschreibt. Persönliche, geistige und charakterliche Befähigung sowie die Bereitschaft zu *political leadership* sind natürlich eine idealistische Grundanforderung an das politische Führungspersonal zu allen Zeiten und unter allen Bedingungen. In Zeiten des Krieges ist *political leadership* die Bedingung von Politik. Ihr Fehlen führt zum fatalen Ausfall von Politik. Denn die Gesellschaft ist in Zeiten des Krieges auf außenpolitische Orientierung, das Erklären von Zusammenhängen, die Definition strategischer Ziele und die Benennung der notwendigen Instrumente genauso unverzichtbar angewiesen wie die Regierung in ihrem außenpolitischen Handeln auf öffentliche Akzeptanz. Krieg ist die ultimative Zuspitzung, der existenzielle Krisenfall von Politik. Politische Führung und öffentliche Akzeptanz sind in dieser Extremsituation die beiden Seiten einer Medaille, nämlich einer demokratischen strategischen Außenpolitik.

Diese Verbindung von politischer Führung und gesellschaftlicher Meinungsbildung hatte einen Start, der kaum besser hätte sein können. Am Sonntag, dem 27. Februar 2022, lediglich drei Tage nach dem russischen Angriff auf die Ukraine, gab Bundeskanzler Olaf Scholz in einer Sondersitzung des Deutschen Bundestages eine Regierungserklärung ab. Im In- und Ausland ist diese Regierungserklärung als die Zeitenwende-Rede des Bundeskanzlers bekannt geworden. Es ist abzuwarten, ob es die bedeutendste Rede in seiner Kanzlerschaft bleiben wird. In dieser Rede hat Scholz die historische, politische und moralische Dimension des völkerrechtswidrigen Angriffskriegs Russlands gegen die Ukraine beschrieben, die eindeutige Haltung Deutschlands als Teil des Westens definiert und erste weitreichende politische Konsequenzen angekündigt.

Das Zwei-Prozent-Ziel der NATO werde von jetzt an realisiert, die Bundeswehr schnellstmöglich in den Stand einer einsatzfähigen Armee versetzt, was unter anderem mit einem einhundert Milliarden Euro schweren Sondervermögen erreicht werden solle. Die Gaspipeline Nord Stream 2 wurde für obsolet und als Teil der Geschichte erklärt. Mit dieser Pipeline sollten Deutschland und Europa nicht mehr über eine Landleitung durch die Ukraine mit russischem Gas versorgt werden, sondern mittels einer Umgehungspipeline durch die Ostsee. Die Ukraine sollte als Transitland für russisches Gas überflüssig gemacht werden. Darin lag ihr politischer Zweck; das ganze Projekt war von Anfang an als eine politische Waffe gegen die Ukraine von Putin geplant worden. Jahrelang hatte ich gegen die deutsche Politik, dieses machtpolitische Projekt Putins gegen die Ukraine »laufen zu lassen«, vergeblich gekämpft, und nun war es innerhalb von 72 Stunden erledigt! So kann Politik sein.

Praktisch allen innerhalb und außerhalb des Bundestages war das Bedrohliche der neuen Situation bewusst, das durch den Angriffskrieg Putins geschaffen worden war. Alle im Bundestag spürten, dass dies ein historischer Moment in unserer Geschichte ist, in dem Deutschland sich als Teil des Westens politisch und durch die Bereitschaft, der Ukraine militärische Hilfe zu leisten, dem europäischen Zivilisationsbruch des Krieges Putins entgegenstellte. Dieser Krieg bedeutete eine neue Zeit, nicht nur für die Ukraine, sondern auch für Deutschland und Europa. Zeitenwende hat der deutsche Kanzler dies zu Recht und prägend genannt. Nicht nur die Abgeordneten der Regierungsfraktionen, sondern die Abgeordneten der Oppositionsfraktion der CDU/CSU spendeten ihm stehend Applaus.

Dass die Abgeordneten des Deutschen Bundestages stehend Applaus spenden, kommt äußerst selten vor. Ich hatte es gut zwanzig Jahre zuvor, am 25. September 2001, schon einmal getan. Es war nach der Rede des russischen Staatspräsidenten Wladimir Putin vor dem Deutschen Bundestag, in der er seine Vision von einem gemeinsamen europäischen Haus darlegte und die Entschlossenheit Russlands begründete, ein Teil dieses gemeinsamen europäischen Hauses zu sein. Ich weiß nicht, ob Putin uns alle damals schon belogen oder ob es bei ihm eine Entwicklung und Veränderung gegeben hat. Nach wie vor bin ich der Überzeugung, dass es damals richtig war, auf die Möglichkeit eines ernsthaften russischen Willens für ein gemeinsames friedliches europäisches Haus zu setzen. Dass aber der deutschen Russlandpolitik und auch weiten Teilen der deutschen Öffentlichkeit im Laufe der Zeit die Augen nicht aufgingen, um den gewaltsamen und verbrecherischen Charakter der Außenpolitik Putins zu erkennen, bleibt ein bislang nicht aufgearbeitetes Kapitel unserer jüngeren Geschichte.

Weder der Tschetschenien-Krieg Russlands im Jahr 2003 noch der Georgien-Krieg 2008 oder die Annexion

der Krim 2014 oder die Kriegsbeteiligung und die Kriegsverbrechen Russlands in Syrien, besonders in Aleppo, im
Jahr 2016 führten jeweils für sich oder doch wenigstens in
der Summe dazu, ein realistisches Bild von Putin zu gewinnen und eine Korrektur der deutschen Russlandpolitik zu veranlassen. Es bleibt eine bedrückende hypothetische und unmöglich zu beantwortende Frage, ob dieses
Wegschauen neben anderen ein Motiv für Putins Ent-
schluss war, im Jahr 2022 gegenüber der Ukraine und zur
Verfolgung seiner imperialistischen Ziele zum Mittel des
Krieges zu greifen.

Er mag davon ausgegangen sein, dass nach all seinen Er-
fahrungen der Westen, vor allem Deutschland, nach einer
Phase der Empörung wieder zum Tagesgeschäft übergehen
würde. Falls dies zu den Annahmen Putins gezählt haben
sollte, machte der Bundeskanzler mit seiner Zeitenwende-
Rede im Bundestag klar, dass Putin sich dieses Mal in
Deutschland und im Westen geirrt hatte. Dies war die
wichtigste Botschaft, die Scholz mit seiner Rede an Putin
sandte. Diese Botschaft hat Bestand. Sie wird bis zum heutigen Tag von einer breiten Mehrheit der deutschen Bevölkerung getragen. Ich werde nicht müde, gegenüber ausländischen Gesprächspartnern zu betonen, dass es in der
deutschen Gesellschaft seit dem Ende des Zweiten Weltkrieges noch niemals einen so raschen, fundamentalen und
breit geteilten Mentalitäts- und Meinungsumschwung gegeben hat. Wir haben es mit einem gesellschaftlichen und
politischen Paradigmenwechsel in Deutschland zu tun.

Leider hat es die Regierungspolitik, wie sie mit der Zeitenwende grundgelegt und angekündigt wurde, nie gegeben. Vielmehr wurden schon kurz nach der Rede im Bun-

destag enorme Schwächen sichtbar, die bis heute Bestand haben. Mehr als zweieinhalb Jahre nach der Rede muss man konstatieren, dass es eine konsequente Umsetzung ihrer Ankündigungen und eine Politik, die den Ansprüchen der eigenen Rede genügt, weder in der Person des Bundeskanzlers noch von der ganzen Bundesregierung gegeben hat. Das liegt nicht nur daran, dass gleich mehrere der eindeutigen Festlegungen nicht umgesetzt wurden, wie etwa die sofortige Erfüllung des Zwei-Prozent-Zieles bei den Verteidigungsausgaben und – ganz entscheidend – das Versprechen, wonach das Sondervermögen in Höhe von einhundert Milliarden Euro zusätzlich zur Erfüllung des Zwei-Prozent-Zieles zur Verfügung stehen werde.

Da dies nicht von der Regierungskoalition eingehalten wird, fehlt es nach wie vor an einer dauerhaft verlässlichen Finanzierung dessen, was nötig ist, um die Einsatzfähigkeit der Bundeswehr wiederherzustellen. Die entscheidenden Fehler, die seither gemacht wurden, liegen aber nicht nur in der fehlenden Umsetzung einer Rede. Die Zeitenwende ist kein Ereignis, sondern ein Prozess, sie ist nicht statisch, sondern fließend. Notwendig ist also eine dauerhafte Politik der Zeitenwende, die immer neuen außenpolitischen Entscheidungs- und Führungsbedarf ebenso wie gesellschaftliche Erklärungs- und Orientierungsbereitschaft verlangt.

Die Rückwirkungen des russischen Angriffskriegs gegen die Ukraine auf die innere Verfassung unserer Demokratie werden sich umso mehr als eine enorme demokratische und innergesellschaftliche Herausforderung erweisen, je länger der Krieg dauert und je weitreichender deutsche Entscheidungen werden. Schwerwiegende strategische,

politische und kommunikative Fehlleistungen der Bundesregierung haben zu militärischen und politischen Konsequenzen geführt, die auch die gesellschaftliche Diskussion
und Auseinandersetzung belasten.

Das fängt damit an, dass der Bundeskanzler bis zum
heutigen Tag ein strategisches Vakuum in der Formulierung des Zieles geschaffen hat, welches Deutschland mit
der militärischen Unterstützung der Ukraine verfolgt. Nach
der Formel des Bundeskanzlers besteht das Ziel darin, dass
»die Ukraine diesen Krieg nicht verliert und Russland ihn
nicht gewinnt«. Diese Formulierung beinhaltet nichts anderes als die Beschreibung eines militärischen Patts. Der
schon viele Monate andauernde fürchterliche Stellungskrieg, der asymmetrisch auf ukrainischem Territorium
stattfindet, ist ein solches Patt. Diese Situation, die mit so
viel Sterben, Leid und Zerstörung verbunden ist, kann ganz
offenkundig nicht das Ziel deutscher Politik sein. Der Bundeskanzler deutet der deutschen Öffentlichkeit gegenüber
aber keinen Weg an, wie aus dieser Lage, die militärisch
über den Faktor Zeit tendenziell Russland begünstigt, eine
politische Lösung folgen soll.

Wenn der deutsche Regierungschef diese Frage nicht
beantworten kann, gefährdet er im Laufe der Zeit die
Akzeptanz für seine eigene Politik. Diese strategisch-kom-
munikative Unklarheit verbindet sich mit einer Politik
des Bundeskanzlers, der Ukraine rein finanziell betrachtet
zwar viel, aber militärisch-qualitativ gesehen zu wenig an
Unterstützung zu liefern, um sich erfolgreich verteidigen
zu können. Es zieht sich wie ein roter Faden durch die
Ukraine-Politik von Olaf Scholz, bei der Lieferung jedes
bedeutsamen Waffensystems Widerstand zu leisten, ange-

fangen bei Haubitzen über den Schützenpanzer Marder bis zu dem Kampfpanzer Leopard 2. Es brauchte den Druck unterschiedlicher Beteiligter von innen und außen, um diesen zu überwinden.

Die Bevölkerung bemerkt selbstverständlich die Diskrepanz zwischen einer Rhetorik der Unterstützung der Ukraine »so lange wie nötig« und der Politik einer gebremsten Unterstützung: Gerade die wirksamsten Waffen werden immer spät, nur unter Druck, zu wenig oder auch gar nicht geliefert. Eine solche Politik hat militärisch zur Konsequenz, dass die Ukraine weniger an Ausrüstung, Waffen und Munition bekommt, als sie zur erfolgreichen Verteidigung braucht. Die Ukraine leidet als Folge unzureichender westlicher Lieferungen unter einem erheblichen Mangel an Artilleriemunition; Russland hat hier inzwischen eine vielfache Überlegenheit.

Politisch führt diese Politik in die Sackgasse, weil mit ihr kein Weg eröffnet wird, den Krieg zu beenden und zu einer tragfähigen politischen Lösung zu kommen. Diese Politik ist damit eben gerade nicht Friedenspolitik. Denn für Putin gibt es kein Zurück. Seine Entschlossenheit, die Ukraine als Staat und Nation zu vernichten, ist ungebrochen. Putin ist nicht an Verhandlungen interessiert, sondern an der Wiederbegründung Russlands als europäisches Imperium. Darin gibt es für Putin keinen Kompromiss.

Kommunikativ hat der Bundeskanzler sehr früh die eigene Linie der Zeitenwende-Rede verlassen. Bereits in einem »Spiegel«-Interview vom 23. April 2022, also nur zwei Monate nach Kriegsausbruch, problematisierte Scholz die Unterstützung der Ukraine durch die Lieferung »schwerer Waffen« mit der von ihr vermeintlich ausgehenden Gefahr eines Atomkrieges. Dass der Bundeskanzler sich damit genau die Ängste und Drohungen, mit denen Putin propagandistisch arbeitet, als Folge seines Handelns zu eigen machte und veröffentlichte, muss ihm spätestens bei der Autorisierung des Interviews klar gewesen sein. Er wusste, was er tat. Ich kann das nicht verstehen.

Im Zusammenhang der Diskussion über die Lieferung des deutschen Kampfpanzers Leopard 2 an die Ukraine sprach der Bundeskanzler immer wieder von einer Eskalation, die dadurch auf russischer Seite ausgelöst werden könnte. Erneut machte sich also der Bundeskanzler das russische Narrativ einer Täter-Opfer-Umkehrung zu eigen. Eskalation kann es auf der Seite des Staates, der völkerrechtswidrig und mit militärischer Überlegenheit, darunter selbstverständlich auch mit Kampfpanzern, angegriffen wird, im Rahmen seiner völkerrechtlich zulässigen Verteidigung nicht geben. Das Gegenteil zu behaupten ist kommunikative Verantwortungsumkehrung.

Warum macht Scholz das? Schließlich begründete der Bundeskanzler seine Weigerung, der Ukraine den deutschen Marschflugkörper Taurus zu liefern, mit der Behauptung, dass Deutschland wegen der angeblich unvermeidbaren Beteiligung deutscher Soldaten beim Einsatz der Waffe zur Kriegspartei werde. Ich halte diese Aussage für doppelt falsch: In der Sache weiß die deutsche Öffentlichkeit seit dem bekannt gewordenen Gespräch ranghoher deutscher Luftwaffenoffiziere, dass ein Einsatz von Taurus Marschflugkörpern nach einer Ausbildungsphase ukrainischer Soldaten auch ohne deutsche Beteiligung möglich ist. Auch völkerrechtlich ist die Aussage des Bundeskanzlers unzutreffend und widersprüchlich. Es war der Kanzler selbst, der ausplauderte, dass französische und britische Soldaten zur Kontrolle der Zielführung der von ihnen gelieferten Marschflugkörper bereits in der Ukraine seien. Meine Frage, die ich ihm im Plenum des Deutschen Bundestages gestellt habe, ob Frankreich und Großbritannien dadurch seiner Meinung nach Kriegsparteien seien, verneinte der Kanzler ausdrücklich. Warum sollte das dann für Deutschland völkerrechtlich anders sein? Diese Frage ist unbeantwortet geblieben, damals im Deutschen Bundestag und bis heute.

Die dargestellte Politik und Kommunikation führen zum einen zu militärischen und politischen Folgen sowie zum anderen zu psychologischen Wirkungen, die mit der Zeit die noch bestehende breite gesellschaftliche Akzeptanz gefährden können. Diejenigen, die schon immer und aus welchen Gründen auch immer, gegen die Politik der militärischen Unterstützung der Ukraine gewesen sind, werden gestärkt. Angst wird von höchster Stelle bestätigt, verstärkt und verbreitet. Diejenigen, die die Unterstützung der Ukraine stets befürwortet haben, werden zunehmend mit den Fragen allein gelassen, welches genau die Ziele sind und wann und wie diese erreicht werden können. Je schwieriger die Lage in der Ukraine und an der Front wird, desto mehr verstärken sich die Sorgen und Ängste, was ein möglicher Erfolg Putins in der Ukraine für die eigene Sicherheit, das eigene Land sowie für die Europäische Union und die NATO bedeuten würde. Die Ukraine kämpft für ihre eigene Freiheit, aber nicht nur, sie kämpft auch für die Freiheit, Sicherheit und die Wiederherstellung von Frieden in Europa. Die Regierungspolitik, die auf militärisch-politische Zielverfehlung hinausläuft und zusätzlich gesellschaftliche Unsicherheit und sogar Angst verbreitet, ist in höchstem Maße unverantwortlich und eine schwere Hypothek für die Zukunft.

Diese Zukunft wird über alle gegenwärtigen Probleme hinaus entweder sehr bald – im Falle der erneuten Wahl von Donald Trump zum Präsidenten der Vereinigten Staaten von Amerika – oder allmählich davon geprägt sein, dass die USA die Rolle der entscheidenden europäischen Sicherheitsmacht reduzieren oder ganz aufgeben werden. Dies wird die europäischen Staaten mit einer Sicherheitslage und Sicherheitsverantwortung konfrontieren, die es seit Ende des Zweiten Weltkrieges noch nie gegeben hat, nämlich dass die Gewährleistung europäischer Sicherheit nicht mehr im Wesentlichen amerikanisch ist, sondern deutlich europäischer werden muss.

Zwar hat der grundlegende Mentalitäts- und Meinungswandel der deutschen Bevölkerung in Fragen der Sicherheit und des Friedens in Europa stattgefunden, und er bleibt stabil. Hierin kommt eine enorme Anpassungsleistung der deutschen Gesellschaft und der deutschen Demokratie zum Ausdruck. Es darf aber nicht übersehen werden, dass die eigentliche Bewährungsprobe für Gesellschaft, Demokratie und Politik in Deutschland höchstwahrscheinlich noch aussteht. Sie besteht in der Bereitschaft zu einer neuen Qualität von eigener europäischer Verantwortungsübernahme für Sicherheit und Frieden in Europa. Je schwächer sich die Politik der Bundesregierung in der sachlichen Zielerreichung sowie in der politischen Kommunikation entwickelt, desto schwieriger, kontroverser und belasteter wird die gesellschaftliche Meinungsbildung in dieser entscheidenden Frage werden, die noch auf uns zukommt. Auf Deutschland warten harte Entscheidungen. Zuvor verspielte Glaubwürdigkeit ist die maximale Belastung für das, was unsere Gesellschaft und unsere Demokratie dann leisten müssen.

## 2.
# DER TERROR DER HAMAS GEGEN ISRAEL, DER GAZA-KRIEG UND DIE FRAGE NACH DEM ANTISEMITISMUS IM WESTEN

So wie im Jahr 2022 der 24. Februar ein weltgeschichtliches Ereignis markiert, gilt dies 2023 für den 7. Oktober. In Israel wird dieser Tag niemals vergessen werden. Für die meisten Israelis ist der 7. Oktober ein bis heute nicht endender Tag. Er wird in die Geschichte des Staates Israel ebenso eingehen, wie er ein Datum in der Geschichte der Verfolgung der Jüdinnen und Juden über die Jahrhunderte hinweg bilden wird. Der in seiner Brutalität jedes Vorstellungsvermögen übersteigende Angriff der Hamas aus dem Gazastreifen heraus und die massenhafte bestialische Ermordung von Jüdinnen und Juden sowie von nicht jüdischen Menschen haben in Israel ein kollektives Trauma begründet.

Mit diesen Verbrechen wurde den Jüdinnen und Juden in Israel etwas genommen, was sie nach Jahrhunderten der Verfolgung erstmals in der Geschichte des jüdischen Volkes mit der Existenz des Staates Israel als erreicht angesehen hatten: das Gefühl von Schutz und Sicherheit. Dass die Gesamtheit der staatlichen Sicherheitsbehörden versagt hat und nicht in der Lage war, die Bürgerinnen und Bürger des Staates Israel sowie deren ausländische Gäste vor den Terrorverbrechen der Hamas zu schützen, bedeutet den Verlust von Urvertrauen in den Staat Israel. Das Land hat es nicht nur mit einem äußerst gefährlichen Krieg, sondern auch mit der schwersten Staats- und Vertrauenskrise in seiner Geschichte zu tun. Israel führt keinen Krieg gegen einen anderen Staat, und gerade darin liegt der Grund, warum Israel diesen Krieg zum ersten Mal und mit allen Konsequenzen auch verlieren kann.

Die Folgen, die dieser Krieg für Gesellschaft und Staat haben wird, sind noch nicht abzusehen. Sicherheits- und außenpolitisch ist Israel rasch zu einem breiten Konsens und einer eindeutigen Konsequenz gekommen. »Nie wieder« lautet von nun an das Ziel der Verteidigung und Sicherheitsvorsorge gegen die Hamas. Neben der Befreiung der verschleppten Geiseln ist die Zerstörung der Hamas in dem Sinne, dass von ihr für Israel keine militärische Gefahr mehr ausgehen darf, das erklärte Kriegsziel. Letzteres beinhaltete als zwingende Konsequenz den militärischen Einmarsch der israelischen Armee in den Gazastreifen in dem Wissen, dass die Hamas die dort lebenden palästinensischen Zivilisten als menschliche Schutzschilde in ebenso systematischer wie verbrecherischer Weise benutzen würde.

Das tragische Dilemma und die menschliche Katastrophe dieses Krieges werden hierin auf besonders schreckliche Weise sichtbar. Aus israelischer Sicht sind die zivilen Opfer militärisch unvermeidbar, um den fortwährend angreifenden militärischen Feind, die Hamas, unschädlich zu machen. Die Hamas legt es geradezu darauf an, dass bei der israelischen Gegenwehr Zivilisten getötet werden, weil dies Teil ihres strategischen Gewaltkonzepts ist. Auf dieses

Konzept muss hier eingegangen werden, weil es sowohl für die sicherheits- und außenpolitische Lage als auch für die gesellschaftlichen Rückwirkungen dieses Krieges in den westlichen Demokratien und auch in Deutschland große Bedeutung hat.

Die Anwendung bestialischer Gewalt sowie deren filmische Aufnahme und Verbreitung im Internet sind ebenso Teil eines politischen Konzepts wie die systematische Planung von zivilen Opfern auf palästinensischer Seite. Dass dahinter mindestens im Sinne der Billigung, wenn nicht im Sinne der (Mit-)Urheberschaft das iranische Regime als der wichtigste militärische, finanzielle und organisatorische Sponsor der Hamas steht, darf als gesichert angenommen werden.

Die Bestialität der Gewalt am 7. Oktober und deren Verbreitung im Internet zielten darauf ab, Israel keine andere Wahl zu lassen, als militärisch in den Gazastreifen einzumarschieren. Die militärische Kriegsführung der Hamas, die die zivile Infrastruktur des extrem dicht besiedelten Gazastreifens aktiv nutzt, musste wiederum dazu führen, dass eine große Zahl von Zivilisten, darunter auch viele Kinder, bei der israelischen Offensive ums Leben kommen. Die gesicherte Folge hiervon war und ist die allgemeine enorme Empörung vor allem in den arabischen Bevölkerungen, die wiederum den weit gediehenen israelisch-arabischen Annäherungsprozess mit einem Schlag zu Fall brachte. Über die arabische und muslimische Welt hinaus sollte die Gegenoffensive Israels dazu führen, die internationale Reputation Israels zu ruinieren und die seines wichtigsten Verbündeten, der Vereinigten Staaten von Amerika, in weiten Teilen der Welt massiv zu beschädigen.

Das Gleiche gilt im Wesentlichen auch für Deutschland wegen der klaren und eindeutigen Solidarität der deutschen Politik mit Israel.

Über die beschriebenen gemeinsamen Ziele der Hamas und der Islamischen Republik Iran hinaus gibt es zwischen den beiden Akteuren eine strategische Differenz: Die Hamas hat darauf gesetzt, dass durch die selbst verübten Verbrechen und die israelische Gegenwehr in der Region ein Flächenbrand entsteht, von dem sich die Hamas eine substanzielle Schwächung Israels, den möglichen Abzug der USA aus der Region und eine erhebliche strategische Stärkung der regionalen Rolle Irans versprochen hat.

Genau das wollte Teheran jedoch nicht. Das Regime ist zu schwach dafür, direkten Krieg zu führen. Es fürchtet, militärisch selbst zur Zielscheibe zu werden und dabei die weit vorangeschrittene Fähigkeit zum Bau einer iranischen Atomwaffe zu gefährden. Aufgrund dieser Interessenlage Teherans und der in die gleiche Richtung gehenden Interessen der Hisbollah erklärt sich, warum ein Ausgreifen des Krieges auf eine zweite Front an der Grenze zwischen Israel und Libanon, wo im Süden die Armee der Hisbollah mit einem enormen Raketenarsenal stationiert ist, bislang ausgeblieben ist. Jenseits dieser regionalen Dimension muss man feststellen, so bitter es ist, dass der Plan der Hamas und der Islamischen Republik Iran aufgegangen ist. Israel ist es bislang nicht gelungen, der tragischen Falle, die für Israel in diesem Drehbuch festgeschrieben ist, zu entkommen.

Der Krieg der Hamas gegen Israel und die Kriegsziele Israels haben in Deutschland, dem Land der Shoa, aber auch in allen anderen westlichen Demokratien ganz andere gesellschaftliche Reaktionen und Positionierungen ausgelöst, als sie im Angriffskrieg Russlands gegen die Ukraine zu verzeichnen gewesen sind. Dafür dürften zwei Umstände maßgeblich sein. Der eine ist die Tatsache, dass es um Israel und um Jüdinnen und Juden geht. Es kann nicht bestritten werden, dass der Krieg zu einer neuen weltweiten Welle des Antisemitismus geführt hat. Auch in Deutschland ist das etwa in dem signifikanten Anstieg antisemitischer Straftaten in der amtlichen Kriminalstatistik abzulesen. Es ist unglaublich und empörend, wie sich gerade die Protestaktionen an den westlichen Universitäten gegen den Gaza-Krieg und die Unterstützung Israels durch westliche Regierungen mit Aggressivität gegen unbeteiligte jüdische Kommilitonen verbinden. Hier drückt sich ein abstoßender linker Antisemitismus aus.

Der zweite Umstand, warum die öffentlichen Reaktionen auf den Krieg Russlands und den Nahostkrieg in Deutschland und im Westen so unterschiedlich sind, besteht darin, dass in dem Nahostkrieg auf beiden Seiten unschuldige Opfer zu beklagen sind, zuerst auf israelischer Seite mit einer unglaublichen Brutalität, dann auf palästinensischer Seite mit zahlenmäßig weit mehr Opfern.

Alles wird in diesem Krieg darum wieder aufgerufen: der gesamte Israel-Palästina-Konflikt, der ungelöst ist, Hass gegen Juden, die sichere Existenz Israels, die völlig unklare Perspektive auf einen palästinensischen Staat, die Rolle Irans in der Region, die gesamte regionale Machtarchitektur, die Rolle der USA in der Region sowie der Vorwurf an den Westen, mit zweierlei Maß zu messen. In den politischen Institutionen Deutschlands, also vor allem im Bundestag und in der Bundesregierung sowie bei den im Bundestag vertretenen Parteien und den wesentlichen

Organisationen des Landes, hat der brutale Angriff der
Hamas zu einem Konsens geführt, wie er wohl in jedem
anderen außenpolitischen Konflikt undenkbar ist und der
Deutschland mit der Betonung des Selbstverteidigungs-
rechts Israels auf das engste an seiner Seite positioniert
hat.

Über Jahrzehnte hinweg wurde von allen Bundeskanzlern und von unterschiedlichen Persönlichkeiten des
Landes die Sicherheit Israels stets als Gegenstand unserer
historischen Verantwortung, als Teil der nationalen Interessen und weitergehend als Teil der Staatsräson Deutschlands bezeichnet. Besonders pointiert und mit breiter
nationaler und internationaler Wahrnehmung tat das die
damalige Bundeskanzlerin Angela Merkel im Jahr 2008 in
einer Rede vor dem israelischen Parlament, der Knesset.
Der Angriff auf Israel am 7. Oktober war das Ereignis, das
diesen bisher eher abstrakten Konsens aktivierte. Von allen
Seiten im Bundestag und von der Bundesregierung wurde
eindeutig klargestellt, dass es sich bei der äußeren Sicherheit Israels um einen Gegenstand unseres eigenen nationalen und staatlichen Selbstverständnisses handelt. Die
äußere Sicherheit Israels sei für Deutschland nicht verhan-
delbar, hier könne es keinen Kompromiss geben. An dieser
Positionierung unseres Landes hat sich auch seither nichts
geändert.

Im Gegensatz zu der einheitlichen Position der staatlichen Organe war und ist die gesellschaftliche Reaktion
deutlich komplexer und kontroverser. Als Reaktion auf die
Offensive der Israelis im Gazastreifen kam es zu Demonstrationen, die sich gegen den Einmarsch wandten, die die
israelische Politik gegenüber den Palästinensern scharf

kritisierten und die allgemein die Sache der Palästinenser vertraten. Die Teilnehmerzahlen an diesen Demonstrationen waren weit geringer als in anderen westlichen Hauptstädten, aber es waren Demonstrationen mit Tausenden und Zehntausenden Teilnehmern.

Besonders bemerkenswert ist unter den pro-palästinensischen Demonstranten die Gruppe der zumeist jungen deutschen Studierenden oder Akademiker, die sich mit dem Leitmotiv »Free Palestine from German guilt« zusammenfanden. Diese Losung ist deshalb so auffällig, weil sie nicht nur die Parteinahme für die Sache der Palästinenser – die für sich genommen völlig legitim ist – zum Ausdruck bringt. Vielmehr wird in dieser Losung der bis dahin mit der Ausnahme von Alt- und Neo-Nazis allgemein getragene Konsens über die historische Verantwortung Deutschlands für die Sicherheit Israels infrage gestellt, die aus dem in Deutschland und von Deutschen verübten Holocaust folgt. Diese historische, moralische und politische Verantwortung wird in dieser Losung von den jungen akademischen Demonstranten als deutscher Schuldkomplex identifiziert, den es um der Freiheit der Palästinenser willen zu überwinden gelte.

Ich muss gestehen, dass es diese Bekundung unter den ganzen anti-israelischen Demonstrationen und Schlachtrufen war, die mich am meisten schockiert hat. Sie hat den traurigen und erschütternden Beweis geliefert, dass junge, mutmaßlich politisch eher links orientierte Menschen in einem Maße politisch verblendet sein können, dass sie die deutsche Schuld und die bleibende Verantwortung Deutschlands für die Shoa als einen Defekt, als einen Schuldkomplex, ansehen.

Von dieser Verblendung zu unterscheiden ist ein weiteres beschämendes Phänomen, das seit dem 7. Oktober von in Deutschland lebenden Jüdinnen und Juden alltäglich erfahren wird: blanker und aggressiver Judenhass. Antisemitische Straftaten, Beleidigungen, Gewalttaten und andere Formen der Ausgrenzung, der Diskriminierung haben seither in einem erschreckenden Maße zugenommen. Dieser Judenhass entlädt sich in Deutschland, und er wird auch von Deutschen praktiziert. Genauso gibt es aber auch Judenhass von Menschen, die nach Deutschland eingewandert sind. In der Abscheu und für die Verurteilung von Judenhass bedeutet dies keinen Unterschied. Anti-israelische Stimmungsmache bis zum Judenhass, der von Einwanderern vor allem bei solchen aus arabischen und muslimischen Ländern ausgeht, hat den innenpolitischen Rückwirkungen des Hamas-Israel-Krieges in Deutschland eine weitere Komponente hinzugefügt.

Innerhalb des Chores der Solidaritätsbekundungen mit Israel hat die AfD nicht zurückgestanden. Sie hat ebenso wie die anderen Parteien stets Solidarität mit Israel in der besonderen Situation des Krieges bekundet. Das war auffällig, hatte doch ihr langjähriger Partei- und Fraktionsvorsitzender Alexander Gauland die Nazizeit als einen »Fliegenschiss der Geschichte« bezeichnet. Den mit der Herrschaft der Nazis untrennbar verbundenen Holocaust hat er dabei nicht ausdrücklich ausgenommen. Björn Höcke, völkische und rechtsextreme Führungsperson der AfD, sprach mit Blick auf die deutsche Erinnerungskultur von einem »Denkmal der Schande«, das sich Deutschland als einziges Volk in seine Hauptstadt gepflanzt habe. Gemeint war das Holocaust-Denkmal. Bewusst doppeldeutig wird als »Schande« nicht das Verbrechen des Holocaust bezeichnet, sondern das kollektive Annehmen von Verantwortung und das Erinnern an dieses Verbrechen.

Zumindest ein Motiv für die Solidaritätsbekundungen mit Israel wurde von so gut wie jedem Vertreter der AfD in den jeweiligen Reden offengelegt. Es wurde selten versäumt, den von Immigranten aus arabischen und muslimischen Ländern nach Deutschland getragenen Judenhass als ein Argument für die allgemeine ausländer- und immigrationsfeindliche Politik der AfD anzuführen. Die Instrumentalisierung der Solidarisierung mit Israel zur Legitimierung antimuslimischer und allgemein ausländerfeindlicher Rhetorik zählt also auch zu den besonderen und besonders verabscheuungswürdigen Elementen der gesellschaftlichen Reaktionen in Deutschland auf den Krieg im Nahen Osten.

Schließlich darf eine weitere Auffälligkeit in der gesellschaftlichen Diskussion in der Zeit nach dem 7. Oktober 2023 in Deutschland nicht unerwähnt bleiben. Nach einer kurzen Phase, die mit dem Beginn des Einmarsches der israelischen Armee in den Gazastreifen begann und in der das Selbstbestimmungsrecht und die ungeklärte Staatlichkeit der Palästinenser eine große Rolle in den Demonstrationen spielten, sind in der gesellschaftlichen Diskussion die Palästinenser, auch die unermessliche Anzahl an palästinensischen zivilen Opfern, wieder – wie so oft – mehr oder weniger zu einer Randgruppe geworden. Das hatte sich zwar geändert, als es um die israelische Offensive in Rafah ging, die international und auch in Deutschland heftig diskutiert und die von praktisch allen Regierungen, darunter auch der amerikanischen und der Bundesregierung, abgelehnt wurde. Aber man muss zugeben, dass der emotionale, politische und öffentliche Stellenwert des Leidens und der Perspektivlosigkeit der Palästinenser nicht nur, aber auch in Deutschland vergleichsweise gering ist.

Bislang gehört zu den großen Verlierern des Krieges der Hamas gegen Israel wieder einmal das palästinensische Volk, ohne dass damit die Frage von Schuld oder Unschuld aufgeworfen werden soll. Die Tragik des palästinensischen Volkes flackert immer wieder auf, wird oft für eigene Interessen missbraucht und dann typischerweise schnell wieder vergessen.

# 3.

# DER MÖGLICHE KRIEG CHINAS GEGEN TAIWAN UND DIE FRAGE NACH DEUTSCHLANDS WIRTSCHAFTLICHER VERLETZBARKEIT

Wenn wir über China und Taiwan sprechen, dann sprechen wir nicht über Krieg. Noch nicht. Das aber könnte sich ändern. Denn die staatliche Wiedervereinigung Festland-Chinas mit Taiwan entspricht dem nationalen Selbstverständnis des Landes. Es dürfte sich um eine der eher wenigen Fragen handeln, bei denen die chinesische Bevölkerung mit der kommunistischen Staats- und Parteiführung völlig übereinstimmt. Die Wiedereingliederung von Taiwan in die Volksrepublik China gehört zum unbestrittenen und unverhandelbaren Pflichtprogramm der chinesischen Staats- und Parteiführung. Für Taiwan würde eine erzwungene Wiedervereinigung mit Festland-China nichts anderes bedeuten als das Ende. Obwohl China bereits seit Jahren mit zahlreichen Mitteln unterhalb der Schwelle eines militärischen Einsatzes versucht, in Taiwan politischen Einfluss zu nehmen, zeigen die Taiwanesen sich dagegen resilient. In den Präsidentschaftswahlen setzte sich 2024 der Kandidat der regierenden Demokratischen Fortschrittspartei mit rund vierzig Prozent der Stimmen durch. Lai Ching-te steht mit seinem chinakritischen Kurs in Kontinuität zu seiner Vorgängerin.

Wie das Beispiel Hongkong die Taiwanesen lehrt, wäre es mit der in Taiwan inzwischen stabil und funktionsfähig errichteten Demokratie und den individuellen und politischen Freiheiten vorbei. Darum kommt für Taiwan die Wiedervereinigung mit der Volksrepublik nicht infrage. Dies ist der chinesischen Staats- und Parteiführung selbstverständlich bewusst, und darum wird insbesondere Staatspräsident Xi Jinping nicht müde anzukündigen, dass es sich bei der Wiedervereinigung mit Taiwan um ein Staatsziel handle, dass es »mit allen Mitteln« zu erreichen gelte.

Die Formulierung »mit allen Mitteln« bedeutet die Bereitschaft zum Krieg. Ob es je dazu kommt, ist ungewiss. Aber es kann dazu kommen. Es kann zu diesem Krieg kommen, wenn und weil sich China stark genug fühlt, ihn erfolgreich zu führen. Es kann aber auch zu diesem Krieg kommen, wenn und weil eine Situation entstanden ist, in der die Staats- und Parteiführung Chinas vor allem innenpolitisch stark unter Druck gerät und sich dadurch so geschwächt sieht, dass sie glaubt, auf eine außenpolitische Ablenkung und eine neue Legitimierung ihrer Macht durch einen Krieg gegen Taiwan nicht verzichten zu können.

Beides, Stärke und Schwäche Chinas, können zum Krieg führen. Die Folgen eines solchen Krieges würden in einer gefährlichen Konfrontation Chinas mit den USA münden, die unter Präsident Biden eine Sicherheitsgarantie für Taiwan abgegeben haben. Allein dies hätte für die Weltwirtschaft katastrophale Folgen. Von diesem Konflikt und seinen Konsequenzen wäre speziell Deutschland, wäre unsere gesamte Volkswirtschaft mit ganzen strategischen Industriesektoren massiv betroffen. Deutschland wäre zwar nicht in einer militärischen Rolle gefragt. Aber zu den Reaktionen der USA und des Westens insgesamt würde es ganz sicher zählen, gegen China massive wirtschaftliche Sanktionen zu verhängen. Dem könnte und würde sich Deutschland nicht entziehen. Auf diese wirtschaftlichen Sanktionen würde China mit Vergeltungssanktionen reagieren, selbstverständlich auch gegenüber Deutschland.

Für diese Vergeltungssanktionen stünde der chinesischen Führung die gesamte Bandbreite des wirtschaftlichen Engagements Deutschlands in China zur Verfügung – mit allen wirtschaftlichen Abhängigkeiten, die die deutsche Industrie und die deutsche Politik sehenden Auges über einen langen Zeitraum gegenüber China eingegangen sind. Ganze strategische Sektoren der deutschen Industrie, die Automobilindustrie ohnehin, aber auch die Chemieindustrie und der Maschinenbau sowie zahlreiche mittelständische Unternehmen haben in ihren unternehmerischen Wachstumsstrategien einseitig auf China gesetzt. Sie sind bewusst Abhängigkeiten eingegangen. Es wurde hinreichend gewarnt. Besonders offensichtlich und in ihrer Abhängigkeit von China wohl unumkehrbar ist die Lage für die deutschen Automobilbauer. Volkswagen, in dessen Aufsichtsrat immerhin der Ministerpräsident Niedersachsens sitzt, macht rund fünfzig Prozent seines Konzerngewinns in China. Unwesentlich besser sieht die Lage für Mercedes und BMW aus.

Alles das stünde im Falle dieses Konfliktes zur Disposition Chinas. Hinzu kommt: Deutschland und die deutsche Wirtschaft befinden sich in starker Rohstoffabhängigkeit von China. So wandelt sich die ehemalige Abhängigkeit Deutschlands von der fossilen Energieversorgung durch Russland zunehmend in eine Abhängigkeit des Landes von

Rohstoffen und Produkten aus China, die für die erneuerbare Energieversorgung in Deutschland notwendig sind.
China ist das wichtigste Herkunftsland Seltener Erden und
Metalle für den deutschen Markt. Die für die Halbleiter-,
Telekommunikations- und Elektrofahrzeugindustrie entscheidenden Mineralien Gallium und Germanium kommen zu einem Großteil aus China.

Aber es geht keineswegs »nur« um unternehmerische
Überinvestitionen in China und Rohstoffabhängigkeiten.
Auch in Deutschland haben die Telekommunikations-
industrie und verschiedene Bundesregierungen einen signifikanten chinesischen Einfluss auf die Kommunikations-
infrastruktur in Deutschland wissentlich zugelassen.
Wesentliche Teile des modernen 5G-Kommunikations-
netzes, des digitalen Nervensystems unseres Staates, unserer Gesellschaft und Wirtschaft, werden von chinesischen
Firmen gebaut. Hier sind vor allem Huawei, aber auch ZTE
zu nennen. Während der Anteil von Huawei-Komponen-
ten in der EU im Durchschnitt rund ein Viertel ausmacht,
liegt der Anteil am deutschen 5G-Netz bei rund sechzig
Prozent. Im Vergleich dazu liegt der Anteil europäischer
Ausrüster wie Ericson und Nokia in China bei weniger als
fünf Prozent (Stand 2023). Wie selbstverständlich wird das
5G-Netz dort im Wesentlichen mit chinesischen Firmen
ausgerollt.

Diese Firmen sind zwar zum Teil keine Staatsunternehmen. Aber in China gibt es kein großes Unternehmen, das,
unabhängig davon, ob es das will oder nicht, nicht dem
Einfluss des chinesischen Staates ausgeliefert ist. So sind
auch private Unternehmen im Rahmen des Nationalen
Sicherheitsgesetzes zur Zusammenarbeit mit den chinesi-

schen Sicherheitsbehörden verpflichtet und dem Zwang ausgesetzt, unternehmenseigene Kaderzellen einzurichten. Diese Abhängigkeiten und ihr Ausmaß sind kein Geheimnis. Jeder, zumal in der Bundesregierung und in der deutschen Industrie, weiß das. Die exportorientierte mittelständische deutsche Wirtschaft hat begonnen, Konsequenzen zu ziehen und Unternehmensstrategien zur Diversifizierung und Risikoreduzierung eingeleitet.

Eine Kurskorrektur sowohl seitens der Bundesregierung als auch der in China besonders engagierten und überinvestierten Großindustrie kann dagegen nicht verzeichnet werden. Ganz im Gegenteil. Der Bundeskanzler selbst hält Risikoreduzierung gegenüber China vor allem für eine Aufgabe der Unternehmen. Dies ist natürlich eine blauäugige Position, was Scholz nur zu gut weiß. Denn die Folgen der Abhängigkeit großer deutscher Unternehmen von China würden im Falle des Krieges Chinas gegen Taiwan selbstverständlich nicht nur die einzelnen Unternehmen treffen. Es gäbe einen Ansteckungseffekt auf die gesamte Volkswirtschaft.

Die wirtschaftlichen Folgen wären so gravierend, dass sich sogar die Frage stellen würde, ob die Souveränität Deutschlands, in diesem Krisen- und Konfliktfall überhaupt noch frei eigene Entscheidungen treffen zu können, weiter gewährleistet wäre. Um die Situation, die eintreten könnte, plastisch zusammenzufassen, lässt sich sagen, dass die wirtschaftlichen Folgen im Kriegsfalle China gegen Taiwan in Potenz das wären, was Deutschland aufgrund seiner fossilen Energieabhängigkeit von Russland als Folge des russischen Überfalls auf die Ukraine erlebt hat.

Man sollte glauben, dass spätestens seit der Erfahrung

mit dieser Abhängigkeit eine intensive gesellschaftliche und politische Diskussion in Deutschland geführt würde, welche Lehren daraus für das Abhängigkeitsverhältnis zu China zu ziehen seien und dass ein strategisches Rezept zu dieser Frage erwartet und vorgelegt wird. Alle, die die Diskussionslage in Deutschland kennen, wissen, dass dies nicht der Fall ist. Die Bundesregierung hat zwar eine China-Strategie vorgelegt, in der so gut wie nichts Falsches steht. Aber eine Strategie auf dem Papier und politisches Entscheiden und Handeln sind eben zwei verschiedene Dinge. Eine Politik der strategischen Risikoreduzierung gegenüber China kann bislang nicht festgestellt werden. Deutsche China-Politik wird von der Bundesregierung so gemacht, als hätte es die Erfahrung mit unserer Abhängigkeit von russischem Gas nicht gegeben. Es sind die gleichen Argumente und in bizarrer Weise zum Teil dieselben Unternehmen und Personen, die im Kern vortragen, dass Deutschland es sich im Interesse der Wahrung seines Wohlstandes nicht leisten könne, China als großen Markt nicht zu nutzen.

Dagegen ist erstens einzuwenden, dass kein Mensch vorschlägt, die Handelsbeziehung mit China abzubrechen. Selbstverständlich soll es Handel mit China und wirtschaftliches Engagement in China geben. Lediglich die Schwelle der Abhängigkeit gegenüber China darf nicht überschritten werden. Das gilt insbesondere für Unternehmen, die mit Blick auf ihre Bedeutung für die deutsche Volkswirtschaft als Ganzes als »too big to fail« betrachtet werden müssen. Diese Unternehmen wissen sehr genau, dass jede deutsche Regierung Himmel und Hölle in Bewegung setzen würde, bevor ein solches Unternehmen in ihrer Regierungsverantwortung Konkurs anmelden müsste. Das Risiko der Überinvestition in China trägt somit in erster Linie die deutsche Gesellschaft.

Zweitens trifft das Wohlstandsargument eben nur für den Augenblick, für die Gegenwart zu. Die Erfahrung mit Russland hat gezeigt, dass die Frage der Kosten und des Wohlstandes realistisch und verantwortlich nur auf einer Zeitachse beurteilt werden kann. Die Abhängigkeit von russischem Gas ist Deutschland am Ende äußerst teuer zu stehen gekommen. Der auf Abhängigkeit beruhende Wohlstand ist mit einem enormen Risiko und gegebenenfalls mit großen Wohlstandsverlusten verbunden. Es wiederholt sich damit in der China-Debatte etwas, was jahrelang das Kennzeichen der deutschen Russland-Debatte war: die Absolutierung der Gegenwart und das Ausblenden der Risiken und ihres Ausmaßes für die Zukunft.

Dabei hat sich in der deutschen Gesellschaft durchaus ein neuer Realismus entwickelt: China wird als diktatorisches System wahrgenommen, das systematisch auf die Schaffung und außenpolitische Ausbeutung wirtschaftlicher und infrastruktureller Abhängigkeiten anderer Staaten setzt. Es kann auch als gesichert angesehen werden, dass es breite und starke Ablehnung dagegen gibt, dass das deutsche 5G-Netz in chinesische Hände gerät. Letzteres lässt jedenfalls die breite Ablehnung der Öffentlichkeit vermuten, mit der auf den Teilverkauf eines Terminals im Hamburger Hafen an das chinesische Staatsunternehmen Cosco reagiert wurde. In einer Umfrage von Oktober 2022 gaben 81 Prozent der Befragten an, dass die Bundesregierung den Verkauf verhindern solle. Der Bundeskanzler tat das Gegenteil und stimmte gegen den Widerstand seiner Fachminister einem Verkauf zu.

Man kann also in der Frage der deutschen China-Politik von einer Diskrepanz zwischen gesellschaftlichem Bewusstsein und politischem Regierungshandeln sprechen. Bezeichnend und interessant ist der Umstand, dass das eine, die gesellschaftliche Meinungsbildung, auf das andere, das praktische Regierungshandeln, kaum Einfluss hat. Dies ist ein strukturelles Phänomen in all den Fällen, in denen die Risikobegründung in der Gegenwart liegt, während der Risikoeintritt ein ungewisses Ereignis in der Zukunft ist. Diese zeitliche Lücke hat Konsequenzen für politische Diskussionen und Entscheidungen in Demokratien. Es erweist sich als extrem schwer, die zeitliche Lücke durch eine politisch und gesellschaftlich relevante Zukunftslobby zu überbrücken. Demokratische Gesellschaften kommen augenscheinlich an ihre Grenzen, wenn es um die Entwicklung von Zukunftsstrategien geht und wenn die verantwortlichen politischen Institutionen, vor allem die jeweilige Bundesregierung, *political leadership* vermissen lassen.

Mit anderen Worten: Erfolge in einer Demokratie, vor allem wenn es um die Kompetenz geht, Zukunftsprobleme vorausschauend anzugehen, hängen von politischer Führung ab. Demokratie braucht politische Führung. Es gibt keinen Ersatz für sie. Das Tückische ist, dass dieser innere Zusammenhang in der Regel nicht dann schon sichtbar wird, wenn die notwendige Kommunikation und die erforderlichen Entscheidungen der Regierung ausbleiben. Im Heute merkt man davon nichts. Nur das Erwachen kann plötzlich und schrecklich sein. Die Politik gerät dann in ihren typischen reaktiven, reparierenden, aktivistischen Modus. Das Kind ist dann aber schon in den Brunnen gefallen. Die Bürgerinnen und Bürger sehen es und merken nun, woran es jedenfalls auch gelegen hat: an der mangelnden Vorausschau und an der mangelnden strategischen Risikovorsorge der politisch Verantwortlichen. Die unvermeidlichen Folgen sind der Autoritätsverlust und die Selbst-Delegitimierung der demokratischen Institutionen. Da diese für das Funktionieren unserer Demokratie notwendig sind, kommt es zu einer Beschädigung der Demokratie als solcher. Wieder zeigt sich, dass außenpolitische Konflikte und Krieg nicht von der Stabilität unserer Gesellschaft und dem erfolgreichen Funktionieren unserer Demokratie getrennt werden können. Beides bildet eine Einheit.

# 4.

## EIN NEUES SELBSTVERSTÄNDNIS DEUTSCHLANDS UND DIE SCHICKSALHAFTE BEDEUTUNG VON AUSSENPOLITIK

Wir haben gesehen, dass sich in unserer Zeit Außenpolitik, außenpolitische Konflikte und insbesondere die erörterten Kriege von der inneren Lage unserer Gesellschaft nicht mehr trennen lassen. Sie sind zutiefst verwoben, interagieren miteinander, lösen gesellschaftliche Dynamiken aus und erzeugen Meinungen, Haltungen und damit auch Kontroversen in der Gesellschaft. Die innere Verfassung unserer Demokratie, ihre gesellschaftliche Basis, die Beziehung zwischen Gesellschaft und Politik und damit die Zukunft unserer Demokratie sind untrennbar mit einer gefährlichen, komplexen außenpolitischen Lage verbunden.

Selten hat es in der Geschichte eine derartige Dichte und Gleichzeitigkeit von disruptiven Ereignissen und Entwicklungen gegeben. Da sind der russische Angriffskrieg auf die Ukraine, der Nahostkrieg, der globale Revisionismus Chinas und die gleichzeitig zu große wirtschaftliche Abhängigkeit Deutschlands von China. Verschärft werden diese Konflikte durch den möglicherweise bevorstehenden radikalen Bruch mit der Tradition amerikanischer Außenpolitik seit dem Ende des Zweiten Weltkrieges nach Wiederwahl von Donald Trump zum Präsidenten der USA. Darüber hinaus erleben wir den fortschreitenden Klimawandel und schwer steuerbare Migration, die nicht zuletzt eine Folge unterschiedlicher Krisensituationen ist.

All das trifft auf die demokratischen Gesellschaften des Westens, die sich in einer angespannten inneren Verfassung befinden. Die großen gesellschaftlichen Spannungen, die überall zu verzeichnen sind, reflektieren die gigantische Veränderungsdynamik in unserer Zeit, die neben den technologischen Innovationen und Disruptionen in der Digitalisierung und der Migration gerade auch die geopolitische Ordnungserosion einschließt und von unseren Gesellschaften und demokratischen politischen Systemen verarbeitet werden muss. Diese Mega-Veränderungen haben nicht nur die objektiven Problemstellungen, mit denen unsere politischen Systeme konfrontiert sind, radikal neu geprägt, sondern auch neue gesellschaftliche Lager, Einstellungen und Befindlichkeiten erzeugt. Letztere sind sehr heterogen.

Die unsere Zeit überwölbende Globalisierung bringt neue Gewinner und neue Verlierer hervor. Sie erzeugt neue private, grenzüberschreitende Macht und entmachtet gleichzeitig den demokratisch legitimierten Staat, weil und wenn er auf ein Handeln nur innerhalb seiner Grenzen verwiesen ist. An dieser Stelle verbinden sich dann die Wahrnehmung der Bürger von einem »verantwortungslosen Staat« mit der staatlichen Ohnmacht gegenüber transnationalen Problemen.

In diesem Kontext sind die großen außenpolitischen Konflikte und Krisen unserer Zeit gleichzeitig zu Herausforderungen unseres inneren gesellschaftlichen und demokratischen Selbstverständnisses geworden. Diese neue Einheit von Außenpolitik, Gesellschaft und Demokratie hat handfeste innenpolitische Implikationen, und zwar im Guten wie im Schlechten. Eine Regierung, die in der Gestaltung der außenpolitischen Kriegs- und Krisenlagen überzeugend führt, schafft Autorität für sich und Legitimität über die Regierung hinaus für das politische System, für unsere Demokratie. Aber genauso gilt umgekehrt, dass Unzulänglichkeiten, Führungsschwäche, unterlassene Vorbereitung und in der Folge Hilflosigkeit nicht nur zu einem Autoritätsverlust der Regierung, sondern mehr und mehr zu einer De-Legitimierung der Demokratie führen können.

Außenpolitik in diesen Zeiten ist schicksalhaft – sowohl für das, was in den einzelnen Kriegen und Krisen auf dem Spiel steht, als auch für Vertrauen und Legitimität unserer Demokratie. Es verwundert daher, wie relativ wenig Regierungskommunikation zur Außenpolitik stattfindet und wie sich im Übrigen das aus vergangener Zeit stammende Vorurteil, »mit Außenpolitik könne man keine Wahlen gewinnen«, trotz dieses inneren Zusammenhanges halten kann. Vor einiger Zeit habe ich ein Streitgespräch mit einem von mir geschätzten Kollegen aus der SPD-Bundestagsfraktion geführt, der gefragt wurde, ob es der SPD in ihrer Positionierung zum Krieg in der Ukraine auch um Umfragen gehe. Er antwortete, dass Wahlen nicht an solchen Fragen entschieden würden und es somit keinen Grund gebe, auf Umfragen zu schielen. Ich glaube zwar, dass der Kollege es besser weiß und die SPD eine dezidiert andere Strategie verfolgt, aber dennoch zeigt sich hier einmal mehr das oben genannte Narrativ, vertreten von einem Außenpolitiker seiner Fraktion.

Dass man mit Außenpolitik allein Wahlen gewinnen kann, mag schwierig bleiben. Dass man aber mit schlechter Außenpolitik in unseren Zeiten Wahlen verlieren kann, steht außer Frage. Weil also Außenpolitik für sich genommen und im Hinblick auf ihre gesellschaftlich-demokratischen Rückwirkungen eine so enorme Bedeutung hat, ist es notwendig, zwei grundlegende Fragen der Außenpolitik hier zu klären.

## Wertegeleitete versus interessengeleitete Außenpolitik?

Die erste Frage ist die nach dem Grundverständnis deutscher Außenpolitik. Worin besteht generell ihr Ziel, was ist der wesentliche innere Antrieb? Gibt es eine Leitorientierung und wenn ja, welche? Hier stehen sich üblicherweise zwei Grundsatzpositionen gegenüber, die gerne als Gegensätze dargestellt und verstanden werden. Es ist der Streit zwischen dem Anspruch einer wertegeleiteten Außenpolitik und einer interessengeleiteten Außenpolitik. Zunächst muss geklärt werden, was man unter den jeweiligen Begriffen zu verstehen hat.

Wenn man sich dem Begriff der wertegeleiteten Außenpolitik zuwendet, fällt auf, dass in keinem anderen Bereich von wertegeleiteter Politik gesprochen wird. Selbstverständlich wird der Sache nach von den Werten gesprochen, die einer bestimmten Politik zugrunde liegen und die man verwirklichen möchte. Aber der Terminus

wertegeleitete Sozialpolitik oder wertegeleitete Finanzpolitik ist nicht gebräuchlich und schon gar nicht Ausdruck einer bestimmten Denkschule in diesen Politikbe-
reichen. Dabei sind diese Politikbereiche wie auch andere
sehr stark von bestimmten Werten geprägt, etwa dem
Wert der Solidarität in der Sozialpolitik und den Werten
der Gerechtigkeit und Fairness in der Finanzpolitik. Nicht
von wertegeleiteter Politik in diesen Bereichen zu sprechen bedeutet darum sicher nicht eine Absage an diese
Werte, wenn es um die Politik in diesen Themenberei-
chen geht.

Der Grund dafür, dass praktisch ausschließlich für die
Außenpolitik die Orientierung an Werten als grundlegen-
der Anspruch betont wird, dürfte darin liegen, dass sich
die Außenpolitik mit den Beziehungen zu anderen Staaten
beschäftigt. Die Orientierung an Werten bezieht sich auf
den inhaltlichen Anspruch, den die deutsche Politik in der
Gestaltung der Beziehungen zu anderen Staaten verfolgt
oder verfolgen soll. Konsequenterweise spielt der Begriff
der wertegeleiteten Außenpolitik dort keine Rolle, wo es
um die Außenpolitik gegenüber Staaten geht, mit denen
wir gemeinsame Werte teilen. So kommt zum Beispiel der
Begriff der wertegeleiteten Außenpolitik gegenüber Frankreich praktisch nicht vor.

Auffällig ist aber, dass auch in der Außenpolitik gegenüber der großen Zahl von Staaten, die unsere menschenrechtlichen und demokratischen Werte in ihrer staatlichen
Verfassung und Praxis nicht teilen, der Begriff keine signifikante Rolle spielt. Schon im Verhältnis zu Russland, ob
vor dem Krieg oder nach Kriegsbeginn, fand dieser Begriff
so gut wie keine Verwendung. In der rein praktischen

sprachlichen Verwendung, die Rede ist hier nicht von dem Anspruch, dass deutsche Außenpolitik gegenüber diesen Staaten von Werten geprägt ist, hat der Begriff wertegeleitete Außenpolitik keine große Rolle gespielt. Praktische Relevanz hat der Begriff in sehr wenigen Fällen gewonnen, nämlich vor allem wenn es um China, Saudi-Arabien oder um einige andere Golfstaaten geht. Diese Auffälligkeit in der praktischen Verwendung des Begriffs verweist mindestens auf eine gewisse Inkonsistenz und deutet darüber hinaus darauf hin, dass es sich nicht um ein grundsätzliches strategisches außenpolitisches Konzept handelt.

Dennoch soll der Frage nachgegangen werden, worin das Wesen einer wertegeleiteten Außenpolitik bestehen könnte. Um ein Missverständnis gleich auszuräumen: Es geht dabei von Vornherein nicht um Moral. Nicht der gehobene Zeigefinger steht konzeptionell im Zentrum, sondern die Relevanz unserer Werte als gestaltendes Element der Außenpolitik.

Bei China und Saudi-Arabien zum Beispiel handelt es sich um Staaten, deren politische Systeme mit den Werten des Grundgesetzes vollständig unvereinbar sind. Selbstverständlich befürwortet kein Vertreter einer wertegeleiteten Außenpolitik, dass Deutschland auf eine aktive Außenpolitik gegenüber diesen Staaten und auf intensive Beziehungen mit ihnen verzichten sollte. Die Forderung lautet dagegen vielmehr, dass wir in den Beziehungen mit diesen und anderen Staaten unsere Werte vertreten sollen und dass es im Hinblick auf unsere Werte auch bestimmte Restriktionen in den Beziehungen und ihrer Ausgestaltung zu diesen Ländern gibt und geben sollte.

Die regelmäßige Forderung besteht darin, dass bei Besuchen ranghoher deutscher Politiker, vor allem des jeweiligen Bundeskanzlers, die Menschenrechte, die Verletzungen der Menschenrechte in dem besuchten Land und das unterschiedliche Verständnis von Menschenrechten angesprochen werden müssen. Die verbreitete innenpolitische Erwartung ist, dass dies vor allem bei den gemeinsamen Pressekonferenzen zu geschehen habe. Der Frage, welche konkrete Wirkung für die Verbesserung der menschenrechtlichen Situation dieses öffentliche Eintreten hat, oder der Frage, ob ein Eintreten für die Menschenrechte auf andere, nicht öffentliche Weise eine größere Veränderung im Konkreten bewirken könne, wird regelmäßig keine große öffentliche Aufmerksamkeit geschenkt.

Auch die allgemeine Frage, welche transformative Macht die deutsche Außenpolitik überhaupt auf die Beachtung von Menschenrechten etwa in China hat und unter welchen Bedingungen sie Einfluss gewinnen könnte, kommt jedenfalls in der politischen Diskussion nicht vor. Gleichzeitig ist festzustellen, dass bislang noch von keiner Bundesregierung etwa öffentlich problematisiert wurde, dass mit VW ein großes deutsches Unternehmen ausgerechnet in der chinesischen Region Xinjiang eine Produktionsstätte betreibt und allein dadurch die chinesische Behauptung untermauert, die dort lebenden Uiguren würden keinesfalls unterdrückt, sondern gingen einer normalen Arbeitstätigkeit nach. Denn wie sonst könnte ein westliches Unternehmen dort Produktionsstätten betreiben?

In dem Fall von Saudi-Arabien ist bemerkenswert, dass die mit dem Argument einer wertegeleiteten Außenpolitik verweigerte Zustimmung zum Export des europäischen

Kampfflugzeuges Eurofighter durch Bundesaußenministerin Baerbock just in dem Moment aufgehoben wurde, als durch den Krieg in Gaza die konstruktive Rolle des Königreiches in diesem Konflikt eine überragende Bedeutung erhielt. Mit dieser Beschreibung wird keinesfalls die Entscheidung der Außenministerin kritisiert. Sie ist nur ein weiteres Beispiel dafür, dass mit dem Terminus der wertegeleiteten Außenpolitik möglicherweise Innenpolitik, aber keine tragfähige, konsistente Außenpolitik gemacht werden kann.

Insgesamt wird man sagen müssen, dass wertegeleitete Außenpolitik kein konzeptioneller außenpolitischer Ansatz ist. Das gilt erst recht für feministische Außenpolitik, die neben den eigenen Werten in besonderer Weise die Interessen strukturell benachteiligter Gruppen einer Gesellschaft – wie beispielsweise Frauen oder Minderheiten – in den Fokus rückt. Am Beispiel Irans und der Frau-Leben-Freiheit-Bewegung, die mit der Ermordung von Jina Mahsa Amini ihren Anfang nahm, wurde dies überdeutlich.

Ausgerechnet der ersten weiblichen Außenministerin Deutschlands, Annalena Baerbock, gelang es nicht, die Interessen der protestierenden Frauen und Männer, die für die eigene Freiheit ihr Leben riskierten, in den Mittelpunkt ihrer Iranpolitik zu stellen. Sie zogen gegenüber dem Verlangen nach scheinbarer Stabilität in der Region und dem illusionären Hoffen auf eine Neuauflage eines Atomabkommens den Kürzeren. Eine falsche Entscheidung, und zwar in einer ganz realpolitischen Betrachtung, selbst wenn man Werte außer Acht lässt. Denn schaut man realistisch auf die Chancen einer Wiederbelebung des Atomabkommens, dann muss man erkennen, dass das Regime in Teheran dies nicht mehr will und nur noch auf Zeit spielt.

Die angebliche Stabilität für die Region, die sich die deutsche und europäische Außenpolitik von ihrem auf das iranische Regime Rücksicht nehmenden Ansatz versprochen hatte, ist spätestens mit dem 7. Oktober 2023 zerstoben. Wer das erkennt, versteht, dass es hier keinen Gegensatz zwischen unseren Werten und Interessen gibt. Die Menschen in Iran bestmöglich zu unterstützen, wäre gleichzeitig Ausdruck von Solidarität und in unserem Interesse, da nur sie für politischen Wandel in Iran sorgen können. Mit einer anderen Regierung in Iran ließe sich dann auch wieder über das Nuklearprogramm und dessen Kontrolle sprechen.

Die Menschenrechtssituation in einem Land kann dazu führen, dass bestimmte Projekte und Entwicklungen in den Beziehungen mit dem betroffenen Staat nicht stattfinden können – das ist unbestritten. Ebenso wenig kontrovers ist, dass kein Staat für sich beanspruchen kann, dass Menschenrechte eine innere Angelegenheit des Staates seien, die keine Einmischung von außen zulasse. Aber dass deshalb diese Aspekte die gesamte Natur und den Charakter der von Deutschland betriebenen Außenpolitik prägten, davon kann nicht wirklich die Rede sein, nicht im Allgemeinen, aber auch nicht in Bezug auf einzelne Staaten.

Folgt aus dieser Negation dann als Konsequenz, dass das grundsätzliche Verständnis der deutschen Außenpolitik als interessengeleitet eine zutreffende Beschreibung darstellt? Das ist schon deshalb nicht der Fall, weil der Gegensatz zwischen Werten und Interessen ein willkürliches und nicht tragfähiges Konstrukt darstellt. Denn unsere wichtigsten Werte, wie die Sicherung von Frieden, die Achtung und Durchsetzung des Völkerrechts – vor allem im Hinblick auf grundlegende Normen wie Menschenwürde und das Verbot von Folter und anderer staatlicher Willkür –, bilden zugleich unsere grundlegenden Interessen. Deutschland als demokratischer Rechtsstaat könnte seine Interessen in einer Welt, die von diesem Norm- und Werteverständnis geprägt wäre, am besten durchsetzen. Wir wären am sichersten in einer Welt, in der nur Demokratien existieren, weil Demokratien empirisch untereinander keinen Krieg führen.

Die Losung »Interessen statt Werte« in der deutschen Außenpolitik wäre also unsinnig, weil sie einen Gegensatz konstruiert, der so nicht existiert. Werte können aber mit Interessen in Konflikt geraten, wie am Beispiel Iran gezeigt, sodass sich die Frage stellt, ob mit dem Begriff der interessengeleiteten Außenpolitik eine Kollisionsregel für diese Fälle formuliert ist. Aber auch das wäre nicht sinnvoll, weil Interessen, in der politischen Wirklichkeit vor allem Einzelinteressen, und das außenpolitische Interesse Deutschlands eben nicht ein- und dasselbe sind.

Ob die Interessen Einzelner oder einzelner Gruppen sich zu einem außenpolitischen Interesse Deutschlands verdichten, ist eine Frage der politischen Wertung und Abwägung im Einzelfall. Ins Spiel kommen hier möglicherweise gegenläufige Interessen oder Werte. Es kann demnach keine vorgegebene Präferenz für Interessen als Leitmotiv deutscher Außenpolitik geben. Somit ist der oft ausgetragene Bekenntnis- und Glaubenskonflikt zwischen den Gegensätzen einer wertegeleiteten und einer interessengeleiteten Außenpolitik der Streit um eine falsche Alternative.

Gleichzeitig hat sich herauskristallisiert, was das Wesen von Außenpolitik ausmacht. Es ist die permanente Abwägung, die in der Regel komplex ist und bei der man zu unterschiedlichen Ergebnissen kommen kann. Am Beispiel Iran habe ich gezeigt, wie unterschiedlich Iranpolitik ausfallen kann, je nachdem wie man Entwicklungen und Risiken bewertet.

Die Position Deutschlands, aus der heraus die Abwägung vorgenommen wird, ist dabei von grundlegenden Werten ebenso wie von grundlegenden Interessen geprägt, über die oftmals abstrakt in der Gesellschaft wenig Streit besteht. Diese grundlegenden Werte und Interessen können als der Beginn, die Startposition von deutscher Außenpolitik betrachtet werden, sie sind aber eben nicht das Ergebnis von Außenpolitik. Das Proklamieren von abstrakten Werten und Prinzipien ist dagegen weder eine große Leistung noch überhaupt Außenpolitik. Die Außenpolitik beginnt mit dem Abwägen und endet mit der Abwägungsentscheidung, wobei das Abwägen zwischen Gut und Schlecht hier außer Betracht gelassen werden kann, weil es erstens selten vorkommt und zweitens einfach zu entscheiden ist. Schwieriger dagegen sind die Fälle, in denen zwei oder mehrere positive Ziele im konkreten Fall miteinander in Konflikt stehen. Schwierige Abwägungen entstehen ferner, wenn ein richtiges und wichtiges Ziel unvermeidbar und erkennbar zu kollateralen Nachteilen und Schäden führt. Ist das Ziel es wert, die kollateralen Schäden hinzunehmen? Der oftmals schwierigste Fall des Abwägens ist der zwischen unterschiedlichen Übeln mit der Fragestellung nach dem geringeren Übel. Die berüchtigte Entscheidung zwischen Pest oder Cholera.

In dieser Alternative politischer Entscheidungen steht fest, dass das Ergebnis der Politik nicht in etwas an sich Gutem besteht, sondern eben ein Übel ist. Eine Regierung muss sich in diesen Fällen dafür entscheiden, ein Übel zu befördern oder gar herbeizuführen. Sie hat dafür die moralische und politische Rechtfertigung, ein noch größeres Übel vermeiden zu können, was aber möglicherweise gar nicht sichtbar wird und auch gar nicht mitgeteilt werden kann, eben weil das größere Übel ja vermieden worden ist.

Außenministerin Baerbock verteidigte ganz zu Beginn des Ukraine-Krieges die Entscheidung der NATO, keine Flugverbotszone über der Ukraine einzurichten, als das kleinere von zwei Übeln. »Das sind die Momente in der Außenpolitik, wo man eigentlich nur zwischen Pest und Cholera wählen kann«, sagte sie. Ohne eine Flugverbotszone waren ukrainische Städte und damit Zivilisten gerade zu Beginn des Krieges den russischen Angriffen weitestgehend schutzlos ausgeliefert. Die Konsequenzen waren Zerstörung, enormes Leid und der Tod vieler Zivilisten. Die Einrichtung einer Flugverbotszone hätte jedoch bedeutet, dass die NATO russische Flugzeuge hätte abschießen müssen, was eine Kriegsbeteiligung zur Folge gehabt hätte. Dieses noch größere Übel einer direkten Kriegsbeteiligung der NATO galt es aus Sicht der Außenministerin zu verhindern. Der Preis, der dafür gezahlt werden musste, auch in Menschenleben, Zerstörung und Leid der Ukrainer, war jedoch enorm. Nebenbei ist diese Entscheidung ein

Beispiel dafür, dass das Abwägen in der Politik selbstverständlich aus einer Ex-Ante-Perspektive erfolgt. Mit
dem Wissen um den jahrelangen Krieg, in dem die völlig
unzulängliche ukrainische Luftverteidigung gegen die
russischen Angriffe vor allem gegen zivile Ziele die größte
Verwundbarkeit der Ukraine bildet, wäre jedenfalls die
Gewichtung der Aspekte, vielleicht auch das Ergebnis des
Abwägens anders ausgefallen.

Die Natur von Außenpolitik als permanentem komplexen Abwägungsprozess macht deutlich, dass der relativ
häufig gegen die Außenpolitik westlicher Staaten erhobene
Vorwurf, dass sie nach »doppelten Standards«, also nach
unterschiedlichem Maß, handele, schon grundsätzlich verfehlt ist. Das festzustellen heißt natürlich nicht, dass es
keine genuin schlechte westliche Außenpolitik gibt. Die
US-Entscheidung in 2003, im Irak Krieg zu führen, ist das
beste Beispiel der jüngeren Geschichte. Der Krieg beruhte
auf einer falschen Behauptung, war völkerrechtswidrig
und in jeder Hinsicht ein Desaster.

Nach der hier vertretenen Charakterisierung von
Außenpolitik verwundert es auch nicht, dass es keinen
einzigen Staat und kein Völkerrechtssubjekt unter Einschluss des Heiligen Stuhls gibt, in dem eine Außenpolitik nach einem Standard verfolgt wird. Es kann sie nicht
geben. Der Vorwurf »doppelter Standards« wird gegenwärtig gegenüber der Außenpolitik westlicher Staaten,
darunter besonders der USA, Großbritanniens und
Deutschlands, im Hinblick auf den russischen Krieg gegen die Ukraine einerseits und gegenüber dem Krieg in
Nahost andererseits erhoben. Erwartet wird, dass der
Westen so, wie er den völkerrechtswidrigen Krieg Russ-

lands gegen die Ukraine verurteile, auch die militärische Offensive Israels im Gazastreifen als eklatant völkerrechtswidrig disqualifizieren müsse.

In Wahrheit sind aber beide Fälle völlig unterschiedlich. Russland führt einen von der Ukraine durch nichts provozierten völkerrechtswidrigen Krieg, der als Eroberungskrieg geplant war und sich nun in einen reinen Vernichtungskrieg gewandelt hat. Dagegen ist Israel unbestritten von der Hamas in völkerrechtswidriger Weise und mit brutaler Gewalt angegriffen worden. Nach der Art des Angriffs und vor allem im Hinblick auf die planvolle mediale Verbreitung der eigenen Verbrechen muss man davon ausgehen, dass die Hamas die militärische Offensive Israels im Gazastreifen geradezu herbeiführen wollte. Dort benutzt die Hamas die Zivilisten als militärische Schutzschilde gegen die israelische Armee und führt damit bewusst den Tod und schwere Verwundungen einer sehr großen Zahl unschuldiger Zivilpersonen herbei. Auch diese Kriegstaktik der Hamas ist ein Kriegsverbrechen.

Selbstverständlich kann nicht ausgeschlossen werden, dass bei diesem Vorgehen die israelische Armee oder einzelne Soldaten auch völkerrechtswidrig handeln oder dass es sogar zu Kriegsverbrechen kommt. Solchen Vorwürfen muss nachgegangen werden, sie müssen aufgeklärt werden und auch zu gerichtlicher Bestrafung führen. Das Gleiche gilt übrigens auch für das Vorgehen der ukrainischen Armee und ihrer Soldaten. Denn das jus in bello, das Recht im Krieg, gilt immer auch für den angegriffenen Staat. Auch das belegt, dass der Vorwurf, der Westen lege hier zweierlei Maß an, nicht zutreffend ist. Die israelische

Regierung hat weder von Deutschland noch den USA einen Blankoscheck bekommen, die völkerrechtlichen Anforderungen, die auch für die Verteidigung gegen einen Krieg gelten, müssen beachtet werden.

Wie so oft handelt es sich auch in diesem Fall bei dem Vorwurf der »doppelten Standards« um einen Kampfbegriff in der internationalen politischen und diplomatischen Auseinandersetzung. Dem Vorwurf, dass für gleiche Sachverhalte ein unterschiedliches Maß angewendet wird, liegt die Annahme zugrunde, dass es überhaupt eine Außenpolitik nach einem Standard oder einem Maß geben kann. Wenn Außenpolitik aber, wie hier angenommen wird, in ihrem Wesen durch permanentes Abwägen von Werten, Interessen, Opportunitäten, Zielkonflikten und dergleichen charakterisiert ist, dann ist diese Annahme falsch. Das Handeln von demokratischen Rechtsstaaten im Innern und in ihrer Außenpolitik unterscheidet sich grundlegend. Den Grundsatz der Gleichheit vor dem Gesetz, der eines der Grundprinzipien staatlichen Handelns im Rechtsstaat bildet, gibt es als ähnliches Gleichheitsprinzip und eine darauf beruhende Politik nach einem Standard in den Außenbeziehungen zwischen Staaten nicht, weil es ihn nicht geben kann.

## Der Verlust strategischen Denkens
## in der deutschen Außenpolitik

Das Verständnis von Außenpolitik als permanentem Abwägungsprozess ermöglicht es, eine Definition zu formulieren, die verdeutlicht, was außenpolitische Strategie ausmacht. Eine Außenpolitik, die das Abwägen nicht erst im Konfliktfall vornimmt, sondern die vorausschauend künftige Abwägungsnotwendigkeiten erkennt und analysiert sowie vorausgreifend versucht, auf die Abwägungskomponenten selbst Einfluss zu nehmen, ist eine strategische Außenpolitik. Strategische Außenpolitik wäre gewesen, die bekannte deutsche Abhängigkeit von Russland bei der Lieferung fossiler Energie daraufhin zu analysieren, welcher Schaden und welches Erpressungspotenzial in einem schwerwiegenden Konfliktfall mit Russland für Deutschland entstehen könnten. Nach allem, was über Putin und seine aggressive Außenpolitik der zurückliegenden beiden Jahrzehnte bekannt war, konnte ein solcher Konfliktfall nicht ausgeschlossen werden.

Die Reduzierung dieser Abhängigkeit wäre die zwingende Konsequenz gewesen und hätte Deutschland resilienter und konfliktfähiger mit Blick auf den Krieg Russlands gegen die Ukraine gemacht. Dieses Muster fehlender Vorausschau und fehlender präventiver Handlung lässt sich in vielen Fällen und Feldern der deutschen Außenpolitik in den vergangenen Jahren finden. Warum gibt es in Deutschland strategische Außenpolitik seit Langem nicht mehr, und warum gibt es sie in anderen Ländern, sowohl solchen, die deutlich größer und politisch bedeutender sind als wir, als auch jenen, die viel kleiner sind als Deutschland?

In Deutschland ist die Kultur des strategischen Denkens in der Außenpolitik abhandengekommen. Andere mögen der Frage nachgehen, ob das eine Besonderheit der Außenpolitik ist oder ob dies auch in anderen Bereichen festgestellt werden muss. Außenpolitische Strategiebildung setzt eine bestimmte geistige Kultur voraus, die sich wiederum aus einem bestimmten Bewusstsein eines Risikos entweder für die Sicherheit oder gar Existenz eines Staates oder für dessen Machtstatus speist. Das ist der Grund, warum es in so unterschiedlichen Ländern wie den USA und den baltischen Staaten oder in China und Israel strategisches Denken und strategische Außenpolitik gibt.

Deutschland verfügte in der ersten Hälfte der Nachkriegsgeschichte sowohl über politische Persönlichkeiten des strategischen Denkens als auch über strategische Außenpolitik. In der scheinbaren Sicherheit, die das Ende des Ost-West-Konflikts für Deutschland und in Europa erzeugte, und in dem immer weiter wachsenden Wohlstand scheint die Kultur des strategischen außenpolitischen Denkens dann irgendwann verschwunden zu sein.

Die ganze Politik der Westbindung, der europäischen Integration sowie der Wiederbewaffnung wurde von Konrad Adenauer vor allem in der strategischen Absicht konzipiert und durchgesetzt, die Wiedereingliederung Deutschlands in den Kreis der teilhabeberechtigten und geachteten Staaten zu erreichen. Die Ostpolitik Willy Brandts war ohne jeden Zweifel Ausdruck eines strategischen Politikansatzes. Die Idee des NATO-Doppelbeschlusses, also die bedingte Ankündigung der Stationierung atomarer Mittel-streckenraketen auf dem Gebiet der Bundesrepublik Deutschland für den Fall, dass die bereits auf dem Gebiet der DDR stationierten nuklearen Mittelstreckenraketen nicht abgezogen werden, war Ausdruck strategischen Den-kens, Handelns und nebenbei politischer Courage.

Ende der 1970er-Jahre stationierte die Sowjetunion in der damaligen DDR atomare Mittelstreckenraketen. Es war vor allem Bundeskanzler Helmut Schmidt, der in dieser einseitigen Bedrohung Deutschlands und West-europas mit sowjetischen Mittelstreckenraketen eine stra-tegische Lücke in der Abschreckung gegenüber der sowje-tischen Bedrohung erkannte. Helmut Schmidts Vorschlag beinhaltete zwei Teile. Die NATO bot der Sowjetunion Verhandlungen über den Abzug der sowjetischen Mittel-streckenraketen an. Nur wenn diese Verhandlungen nicht zum Erfolg führten, sollten auch auf dem Gebiet der Bun-desrepublik Deutschland atomare Mittelstreckenraketen stationiert werden.

Helmut Schmidt hatte die strategische Schwächung Deutschlands und Westeuropas erkannt, wenn es bei einer einseitigen nuklearen Bedrohung durch sowjetische Mit-telstreckenraketen bliebe. Denn die einzige Abschreckung gegen den Einsatz dieser sowjetischen Mittelstreckenrake-ten hätte in der Drohung mit dem Einsatz von nuklearen Interkontinentalraketen von amerikanischem Territorium aus bestanden. Es ging also durchaus auch darum, ob der nukleare Schutz Europas aus Sicht der Sowjetunion wirk-lich glaubwürdig und aus Sicht der Westeuropäer verläss-lich gewesen wäre, wenn er von der Bereitschaft der USA zum nuklearen Kriegseintritt vom eigenen Boden aus abhing. Für diese strategische Politik hat Helmut Schmidt im Laufe der Zeit die Unterstützung seiner eigenen Partei, der SPD, sowie weiter Teile der Wählerschaft verloren. Es fiel dem Amtsnachfolger Schmidts, Bundeskanzler Helmut Kohl, zu, diese Politik gegen den fortbestehenden Widerstand aus der Bevölkerung und nunmehr gegen die Opposition der SPD fortzuführen und durchzusetzen. Sie führte Ende der 1980er-Jahre zu den bislang bedeutendsten Abrüstungsvereinbarungen zwischen den Supermächten USA und Sowjetunion.

Neben dem NATO-Doppelbeschluss bildet die Europapolitik von Bundeskanzler Kohl ein weiteres strategisches Kapitel der deutschen Nachkriegspolitik. Zusammen mit dem französischen Staatspräsidenten François Mitterrand und dem Präsidenten der Europäischen Kommission Jacques Delors ist Helmut Kohl als der wesentliche Motor der Europäischen Wirtschafts- und Währungsunion anzusehen. Durch die Entwicklung des Europäischen Binnenmarktes und einer einheitlichen europäischen Währung sollte die europäische Integration auf eine neue Stufe gestellt werden.

Mit der deutschen Wiedervereinigung, der Auflösung des Warschauer Paktes und dem Ende der Sowjetunion war der Ost-West-Konflikt beendet. Es sah alles nach einem Sieg des Westens aus, der ohne Blutvergießen von den Menschen in Ostdeutschland und Osteuropa errungen worden war. Europa war vereint, frei und in Frieden. Deutschland war »von Freunden umzingelt«, wie es damals hieß. Seit dieser Zeit lässt sich eine strategische Außenpolitik Deutschlands nicht mehr konstatieren. Vor allem die Bedrohungen für Sicherheit und Frieden in Europa, die von einem stets aggressiver werdenden Russland unter Putin seit Mitte der 2000er-Jahre immer stärker und immer sichtbarer ausgingen, wurden verdrängt und beschönigt.

Selbst als Putin im Jahre 2014 mit der Annexion der Krim die europäische Friedensordnung endgültig beendete und einen konsequent aggressiven Kurs in der Außenpolitik, verbunden mit immer brutaleren Repressionen im Innern, verfolgte, wurde parteiübergreifend in Deutschland mehrheitlich beschlossen, all dies nicht sehen zu wollen. Zu groß, zu fundamental, zu strategisch wären die Konsequenzen für die deutsche Außen- und Russlandpolitik gewesen, wenn man die unübersehbare Aggressivität von Putins Politik anerkannt und mit Realismus reagiert hätte.

Mit dem Überfall Russlands auf die Ukraine am 24. Februar 2022 schien die strategische Dimension in die deutsche Außenpolitik zurückzukehren. Die berühmte Zeitenwende-Rede von Olaf Scholz am 27. Februar 2022 vor dem Bundestag war in Inhalt, Geist und Stil strategisch geprägt. Leider ist die deutsche Russland- und Außenpolitik gerade in der Person des Bundeskanzlers diesem strategischen Ansatz und Geist in den danach folgenden Monaten und Jahren nicht gerecht geworden. Die Rede war die Rückkehr strategischer Außenpolitik nur für einen kurzen Moment. Das Ausbleiben einer darauffolgenden strategischen Politik hat zu dramatischen Folgen zuerst für die Ukraine geführt; es wird Konsequenzen auch für Europa und den gesamten Westen haben.

Militärisch hat sich ein für die Ukraine äußerst kritischer Stellungskrieg ergeben. Der Ukraine fehlt es an

Waffen, vor allem an Munition sowie an weitreichenden Raketen und Marschflugkörpern. Eine zweite Amtszeit von Donald Trump als amerikanischer Präsident zöge einen vollständigen Bruch mit der bisherigen amerikanischen Politik der militärischen und politischen Unterstützung der Ukraine nach sich. In fataler und fatalistischer Weise hat der Bundeskanzler bei seinem Besuch in Washington im Februar 2024 für diesen Fall angekündigt, dass die Ukraine nicht zu verteidigen, sondern verloren sei, indem er die Unterstützung der Ukraine durch die USA als »unverzichtbar« bezeichnet hat. Diese Einschätzung des Bundeskanzlers war nicht nur verantwortungslos und katastrophal in ihren Wirkungen, sie war vor allem falsch. Der Bundeskanzler hat nicht erkannt, dass dann die Stunde Europas schlägt, schlagen muss. Dieses sich dann ergebende europäische Momentum zu ergreifen und auszufüllen muss der Bundeskanzler als seine überragende Aufgabe erkennen, die ihm kraft Amtes für Deutschland und für Europa zufällt. Mit seiner Bemerkung hat Scholz zu erkennen gegeben, dass ihm diese Verantwortung nicht bewusst ist.

Hätte er doch wenigstens geschwiegen.


## Sicherheit und Frieden in Europa als Identitätsfrage der Deutschen

Über Jahrhunderte hinweg bis 1945 war Europa der Kontinent der Kriege. Als Folge entstanden neue Reiche und Staaten, andere gingen unter, Grenzen wurden neu gezogen und verschoben, und mit ihnen wurden die Menschen immer wieder zu Fremden und zu Bürgern wechselnder Staaten. Der Wechsel von Krieg und Frieden prägte über Jahrhunderte Europa politisch, gesellschaftlich, wirtschaftlich und kulturell und ist schon immer identitätsbildend gewesen. Das gilt nicht zuletzt für die Deutschen. Die verspätete Entstehung des deutschen Nationalstaates ist durchaus auch vor dem Hintergrund zu erklären, dass die andauernde europäische Staatenrivalität mit dem Bedürfnis einherging, dass sich ein Gleichgewicht der rivalisierenden Länder immer wieder neu einpegeln musste. Mit diesem Gleichgewichtsbedürfnis war die Bildung eines großen Nationalstaats in der Mitte des Kontinents schwer vereinbar.

Oft ist ein deutscher Staat in Bezug auf die europäische Staatenwelt als zu klein beschrieben worden, um zu dominieren, und zu groß, um sich zu integrieren. So war bekanntlich auch das Heilige Römische Reich Deutscher Nation, das über 800 Jahre bestand und erst im Jahr 1806 als Ergebnis der napoleonischen Kriege unterging, nichts von dem, was sein Name als Anspruch beschrieb: Es war weder römisch noch ein Reich, und deutsch und heilig war es schon gar nicht. Erst 1871 entstand durch »Blut und Eisen«, durch die geschickte Bündnis- und rücksichtslose Kriegspolitik Bismarcks, das Deutsche Reich unter Ausschluss Österreichs. Die Friedensperiode des, wie Bismarck es sah, »saturierten« Deutschen Reiches währte nicht lange. In der ersten Hälfte des 20. Jahrhunderts war Europa der Entstehungsort der beiden Weltkriege. Die erhebliche Mitverantwortung des Deutschen Reiches für die Entstehung des Ersten Weltkrieges und die deutsche Niederlage wirkten als eine dauerhafte Bürde der ersten deutschen Demokratie, der Weimarer Republik, bis in ihr Scheitern. Der Zweite Weltkrieg und der Holocaust haben dann eine unlöschbare deutsche Schuld und eine historische Verantwortung Deutschlands begründet, die niemals endet.

Die Erfahrung, die Wahrnehmung, ja, die Identität, die Europa und die Welt mit Deutschland in der ersten Hälfte des 20. Jahrhunderts verbanden, waren von Kriegen, Kriegsschuld und bis dahin unvorstellbaren Kriegsverbrechen geprägt. Dieser historische Hintergrund muss uns bewusst sein, wenn wir uns mit der Frage beschäftigen, inwiefern es bei dem russischen Angriffskrieg auf die Ukraine für uns Deutsche nicht nur um die Sicherheit und den Frieden in Europa geht, sondern in besonderer Weise die Frage an unser Selbstverständnis, an die Identität von uns Deutschen neu aufgeworfen wird.

In der Zeit der deutschen Teilung blieb die Frage von Krieg und Frieden gesellschafts- und geschichtsprägend. Die Bundesrepublik Deutschland und die DDR waren die Frontstaaten des Kalten Krieges. Für die Westdeutschen erwies sich die Ost-West-Konfrontation sehr schnell als entscheidende Rahmenbedingung und strategischer Hebel für die Integration in den Kreis der geachteten Staaten und in die Völkergemeinschaft. Das historische Ziel und der historische Erfolg der Außenpolitik Konrad Adenauers bestanden darin, unbeirrbar die West-Integration der Bundesrepublik Deutschland gegen alle Widerstände durchgesetzt zu haben. Jeder Versuchung, dieses Konzept der westdeutschen Integration durch West-Bindung zugunsten eines wiedervereinigten, aber neutralen Deutschlands aufzugeben, ist er entschieden und unerbittlich entgegengetreten.

Der von Konrad Adenauer mit seinen Partnern, wie etwa dem französischen Staatspräsidenten Charles de Gaulle oder dem italienischen Ministerpräsidenten und Christdemokraten Alcide De Gasperi, initiierte und vorangetriebene Prozess der europäischen Integration hat aber auch noch eine andere Dimension, die auf das engste mit der Geschichte der europäischen Kriege verbunden ist. Nach den Jahrhunderten der Kriege war das Projekt der europäischen Integration in den Augen seiner Gründungsväter vor allem ein Friedensprojekt. Das europäische Zusammenwirken auf der Basis von Verträgen, Institutionen und gemeinsamen Zielen sollte an die Stelle der Konfrontation treten. Eine immer enger und tiefer werdende Verbindung und Integration sollten Krieg zwischen den beteiligten europäischen Staaten ein für alle Mal unmöglich machen. Gerade in dieser Dimension und bei den Menschen, die die Schrecken des Krieges erlebt hatten, hat das europäische Projekt für lange Zeit Begeisterung ausgelöst. Die Begegnung von Menschen, die teilweise selbst oder deren Väter und Großväter gegeneinander im Feld gestanden hatten, hat viele tief berührt. Die Überwindung von Krieg und die Entwicklung eines europäischen Bewusstseins sind ohne jeden Zweifel identitätsstiftend für viele Europäer und auch für uns Deutsche gewesen.

Über die Frage, ob und wie der Frieden in Europa gegen die Bedrohung durch die Sowjetunion und den Warschauer Pakt durch nukleare Abschreckung gesichert werden müsse, kam es in Deutschland in den 1980er-Jahren zu einer grundlegenden, in ihrer Wirkung nachhaltigen gesellschaftlichen und politischen Kontroverse um den NATO-Doppelbeschluss. Hiergegen regte sich enormer gesellschaftlicher Widerstand. In Deutschland entstand die »Friedensbewegung«. Sie wurde sehr stark von jungen Menschen getragen, hatte erheblichen Widerhall in den Kirchen und war politisch links orientiert. Die Partei Die Grünen, die als Umweltschutz- und Anti-AKW-Bewegung entstanden war, verband sich mit der Friedensbewegung und nahm diese praktisch in sich auf. Unter Führung des damaligen SPD-Vorsitzenden Willy Brandt schloss sich nach einiger Zeit auch die Partei des sozialdemokratischen Bundeskanzlers Schmidt, der den NATO-Doppelbeschluss initiiert und auch innerhalb der NATO durchgesetzt hatte, der Friedensbewegung an.

Auch wenn nicht alle, die in der Friedensbewegung mit-wirkten, als Pazifisten bezeichnet werden können, war der Pazifismus in Deutschland zu einer beachtlichen gesell-schaftlichen Strömung geworden, die auch in unterschied-lichen Parteien – vor allem bei den Grünen, aber auch in der SPD – großen Widerhall gefunden hat. Die Friedens-bewegung und der Pazifismus konnten sich erfreulicher-weise in den 1980er-Jahren in Deutschland nicht durch-setzen. Denn die Politik der Abschreckung und der Standfestigkeit erbrachten den größten Erfolg in der Ge-schichte der Abrüstung Ende der 1980er-Jahre. Nur weni-ge Jahre später erledigte sich diese gesellschaftliche und politische Auseinandersetzung mit dem Ende des Ost-West-Konfliktes.

Die Sowjetunion hatte zuerst den wirtschaftlichen und dann auch den politischen und strategischen Wettbewerb mit dem Westen verloren. Vor allem hatten die Sowjet-union und die Regierungen in den mittel- und osteuropä-ischen Staaten die Unterstützung der Bevölkerungen eingebüßt, die in friedlichen Revolutionen in Ost- und Mitteleuropa der Demokratie und der Selbstbestimmung der Völker zum Durchbruch verhalfen. Der Systemkonflikt hatte sich erledigt, es herrschte Frieden. Francis Fukuyama brachte die Euphorie und den Optimismus, die sich mit dem vermeintlichen Sieg der liberalen Demokratie verbanden, in seinem Buch über das »Ende der Geschichte« zum Ausdruck.

Die Gesellschaften und die Politik in ganz Europa nahmen eine auskömmliche und lang anhaltende Friedensdividende in Anspruch. Verteidigungshaushalte wurden geschrumpft, die Armeen auf Sparflamme gesetzt, weil – wie es im Fall von Deutschland hieß – man »von Freunden umzingelt« sei. Parallel zu dieser Entwicklung und gegensätzlich zu dem historischen Erfolg einer auf militärische Stärke und Abschreckung bauenden Sicherheitspolitik setzte sich in weiten Teilen der Bevölkerung eine dezidiert militärkritische bis pazifistische Grundhaltung durch. Militärische Fähigkeiten, Militärausgaben, die Bundeswehr als Institution sowie Verteidigungs- und Sicherheitspolitik gerieten immer stärker unter Rechtfertigungszwang. Dass Wahlkampf gegen die bessere Ausrüstung der Bundeswehr gemacht wurde, war in dieser Zeit keine Seltenheit. So antwortete der damalige Außenminister und Vizekanzler Sigmar Gabriel im Bundestagswahlkampf 2017 auf die Mahnung der Verteidigungsministerin Ursula von der Leyen, man müsse das Zwei-Prozent-Ziel einhalten: »Ich finde, das ist eine ziemlich verrückte Idee.« Er halte es für besser, das Geld, das Deutschland ausgebe, vernünftiger einzusetzen. »Wir sollten lieber sechs Prozent des Bruttoinlandsproduktes in die Bildung investieren.« Passend dazu hieß es auf einer Kampagnenkachel in demselben Wahlkampf schwarz unterlegt: »Das will die CDU: Teure Aufrüstung vom Panzer bis zur Drohne.« Dem gegenüber wurde auf rotem Untergrund der SPD zugeschrieben: »Kostenfreie Bildung von der Kita bis zur Uni.« Man kann an diesen Zitaten übrigens nicht nur die erfreuliche Entwicklung von Sigmar Gabriel ablesen, sondern auch, wie groß die politische Veränderung ist, die in Deutschland stattgefunden hat.

Aber es war eben auch diese vorherrschende pazifistische Grundhaltung, die es den Führungen beziehungsweise Mehrheiten in praktisch allen Parteien ermöglichte, mit der bewussten Beschönigung und Beschwichtigung gegenüber immer besser zu erkennenden Gefahren und Bedrohungen durch die Politik Putins durchzukommen. Die politische Realitätsverdrängung wurde gesellschaftlich honoriert. Bis zum Schluss, als am 24. Februar 2022 die russische Armee auf Anweisung von Putin die Ukraine überfiel, hatte diese den Wunsch an die Stelle der unübersehbaren Wirklichkeit setzende Haltung Bestand. Der Krieg bewirkte einen Paradigmenwechsel in der Grundhaltung der deutschen Bevölkerung.

Militärische Fähigkeiten, die Einsatzfähigkeit der Bundeswehr, die NATO als Verteidigungsbündnis und selbst deutlich höhere Ausgaben für die Verteidigungspolitik werden nunmehr von einer breiten Mehrheit als notwendig für unsere Sicherheit begrüßt. Zu Unrecht verstecken sich die gegenwärtige Bundesregierung und der Bundeskanzler zur Rechtfertigung ihrer unzulänglichen Anstrengungen hinter der Bevölkerung, von der sie behaupten, weitere Verteidigungsanstrengungen und -ausgaben würden nicht akzeptiert. Politiker der Bundesregierung und der Koalitionsfraktionen selbst präsentieren die falsche Alternative zwischen höheren Verteidigungsausgaben und dem Stand und der Leistungsfähigkeit unseres Sozialstaates. Ihre trotzige Schlussfolgerung ist, dass Sozialausgaben selbstverständlich tabu seien.

Da aber niemand die Kürzung von Sozialausgaben zugunsten von Verteidigungsausgaben fordert, liegt in dieser Aussage nichts anderes als die vorbeugende Abwehr von zusätzlichen Verteidigungsanstrengungen Deutschlands. Sie wird uns als Wahlkampfthema im Jahr 2025 wiederbegegnen. Die von der Bundesregierung und anderen europäischen Regierungen zu verantwortende unzulängliche militärische Unterstützung der Ukraine hat zu dem fürchterlichen Stellungskrieg mit zunehmenden taktischen Vorteilen Russlands vor allem wegen seiner Waffen- und Munitionsüberlegenheit geführt. Das zentrale Versagen besteht darin, dass der Bundeskanzler und die Bundesregierung als die wichtigste politische Orientierungsquelle und Autorität für die Meinungsbildung der Bevölkerung es bislang nicht vermocht haben, den moralischen, politischen und historischen Sinn der europäischen und westlichen Unterstützung der Ukraine wirklich und immer wieder klarzumachen und dann mit den notwendigen Maßnahmen zu unterlegen. Der Sinn dieser Unterstützung repräsentiert das Höchste, worum es in der Politik überhaupt gehen kann: den Krieg zu besiegen, diesen konkreten Krieg Russlands gegen die Ukraine aus Europa zu vertreiben. Der Versuch, Krieg als Mittel der Politik wieder in Europa einzuführen, muss zum Scheitern gebracht werden. Denn wenn dieser Krieg nicht scheitert, wird der Krieg

in Europa bleiben. Er würde sich auf andere Länder ausdehnen und uns immer näher kommen.

Dieser Krieg richtet seine Verwüstungen fast ausschließlich auf dem Gebiet der Ukraine an. Wenn diese Aggression
Russlands Erfolg haben sollte, dann wird das für Deutschland und für Europa Konsequenzen haben. Denn bei diesem Krieg um die Ukraine geht es eben auch um unsere
Sicherheit. Es geht darum, ob wir den Frieden in Europa
wiederherstellen oder bereit sind, uns mit Krieg als Mittel
der Politik im 21. Jahrhundert abzufinden. Die entscheidende Frage, die auch wir Deutsche beantworten müssen,
ist also nicht, was wir für die Ukraine bereit sind zu tun.
Die entscheidende Frage lautet, ob wir als Gesellschaft, als
Nation, als Staat und als Teil Europas vor dem Hintergrund
unserer eigenen Geschichte und aus unseren eigenen Interessen heraus es als unsere historische, politische und
moralische Aufgabe betrachten, den Krieg zu besiegen, ihn
wieder aus Europa zu vertreiben und Frieden in Freiheit als
die größte europäische Idee mit allen unseren Kräften zu
unterstützen. Diese historische Herausforderung ist nicht
irgendeine Sachfrage und auch nicht einfach nur Außenpolitik. Der russische Krieg gegen die Ukraine zwingt uns
Deutsche zu definieren, wer und was wir in dieser Zeit des
Krieges in Europa sein wollen. Es geht um unsere Identität
als Deutsche und deutsche Europäer in einer Epoche, in der
Weichen gestellt werden. Im Hinblick auf andere revisionistische Mächte, ob im globalen Maßstab China oder vor-
wiegend regional wie die Islamische Republik Iran, stellt
sich die Frage an uns selbst so: In was für einer Welt wollen
wir leben?

Diese Fragestellung wird eine historisch grundlegend

neue Qualität annehmen, wenn es durch einen dramatischen Machtwechsel im Weißen Haus einen radikalen Kurswechsel in der amerikanischen Außenpolitik im Allgemeinen und in der amerikanischen Ukraine- und Russlandpolitik im Besonderen geben sollte. Wir müssen damit rechnen, dass dann sofort jegliche Unterstützung, insbesondere die militärische, für die Ukraine eingestellt würde. Washington könnte, wie schon wiederholt von Donald Trump und anderen gefordert, diesen Krieg in Europa als europäische Angelegenheit betrachten und den amerikanischen Beitrag darin sehen, den Europäern anzubieten, amerikanische Waffen zu kaufen. Aber Waffenlieferungen an die Ukraine als amerikanische Politik wird es nicht mehr geben. Es ist ferner nicht auszuschließen, dass Trump als abermals gewählter amerikanischer Präsident die Beziehungen zum russischen Präsidenten Putin grundlegend neu gestalten würde. Sogar ein »Deal« zwischen beiden Präsidenten über das Schicksal der Ukraine erscheint möglich. Wenn es dazu käme, wäre es auch keine Überraschung, wenn die Ukraine vom amerikanischen Präsidenten im Stich gelassen werden würde.

Was würde das für Sicherheit und Frieden in Europa bedeuten? Der Bundeskanzler hat bei seinem Besuch im Februar 2024 in Washington diese Frage öffentlich beantwortet. Wörtlich sagte Scholz: »Wir sollten nicht darum herumreden, für die Frage, ob die Ukraine in der Lage sein wird, das eigene Land zu verteidigen, ist die Unterstützung aus den Vereinigten Staaten unverzichtbar.« Dies heißt im Umkehrschluss, dass die Ukraine nicht mehr in der Lage sein würde, sich zu verteidigen, wenn die Unterstützung aus den USA wegfiele, weil diese eben nach der Bewertung des Bundeskanzlers nicht ersetzt werden könne. Scholz hat folglich mit dieser Aussage der Weltöffentlichkeit und übrigens auch Putin gegenüber die Ukraine für verloren gegeben, wenn Trump zum Präsidenten gewählt wird. Denn dass die vom Bundeskanzler für »unverzichtbar« gehaltene amerikanische Unterstützung in diesem Fall ausbleiben wird, daran besteht kaum ein Zweifel. Das Ziel, den Krieg zu besiegen und wieder aus Europa zu vertreiben, kann in diesem Fall also nicht verwirklicht werden, wenn man die Auffassung von Scholz zugrunde legt. In dessen Denken gibt es europäische Sicherheit und die Aussicht auf Frieden nur mit Amerika in seiner Funktion als europäischer Sicherheitsmacht. Die Sicherheit Europas ist in der gegenwärtigen Lage des Krieges Russlands in der Ukraine entweder amerikanisch, oder es gibt sie nicht. Ohne Amerika entscheidet nach dem Bundeskanzler Putin darüber, ob es in Europa Frieden gibt und wie es um die Sicherheit Europas steht. Eine wehrhafte Identität der Deutschen und der Europäer, die sich aus der Aufgabe und Verantwortung für Sicherheit und Frieden auf dem eigenen Kontinent ableitet, kommt in diesem Denken nicht vor.

Die eindeutige Positionierung des Bundeskanzlers wird hier auch deshalb so betont, weil sie zu erkennen gibt, vor welcher Herausforderung die Deutschen und die Europäer in dem beschriebenen Szenario stehen. Es ist in der Tat eine historisch neue Aufgabe, weil seit dem Zweiten Weltkrieg Sicherheit und Frieden in Europa entscheidend durch die militärische Fähigkeit, den militärischen Einsatz, die militärische Solidarität der Vereinigten Staaten erreicht worden sind. Auch in dem gegenwärtigen Krieg Russlands gegen die Ukraine sind es die USA gewesen, die als die entscheidende europäische Sicherheitsmacht fungiert haben. Die Europäer könnten das Gefühl haben, erneut Glück gehabt zu haben, dass zum Zeitpunkt des Ausbruchs des Krieges in Washington Joe Biden regierte, dem die Bedeutung von Sicherheit und Frieden in Europa für die amerikanischen Sicherheits- und globalen Interessen bewusst ist. Genauso müsste es uns Europäer aber auch mit Scham erfüllen, dass wir ein Dreivierteljahrhundert nach dem Ende des Zweiten Weltkrieges und mehr als dreißig Jahre nach dem Ende des Kalten Krieges die Sicherheit und den Frieden unseres Kontinents immer noch dem Land überlassen, das einen Ozean weit von uns entfernt liegt.

Gibt es also in Europa Sicherheit und Frieden auch notfalls ohne die USA? Oder wären in diesem Falle eben nicht nur die Ukrainer, sondern auch die Europäer verloren? Die Antwort auf diese Frage ist zweiteilig. Dabei geht es zum einen um die Fähigkeiten und zum anderen um den politischen Willen der Europäer. Selbstverständlich wäre die Kompensation der militärischen Unterstützung der Ukraine durch die USA ein gewaltiger finanzieller Kraftakt. Aber genauso klar ist, dass die Europäer über die nötigen Finanzmittel verfügen. Die Wirtschaftsleistung der Mitgliedstaaten der Europäischen Union ist siebenmal so groß wie die Wirtschaftsleistung Russlands. Allein Deutschland hat ein Bruttoinlandsprodukt, das deutlich größer ist als das russische. An den finanziellen Möglichkeiten besteht kein Zweifel. In einer ersten Phase müssten Waffen und Munition in starkem Umfang von anderen Staaten auf dem Weltmarkt gekauft werden. Nach einiger Zeit würden eigene Produktionskapazitäten der europäischen Rüstungsindustrie ausgeweitet sein und könnten in großem Umfang den Bedarf decken. Die europäischen Gesellschaften und die Politik in den europäischen Staaten müssten – in manchen Ländern erstmalig – in dem Sinne wirklich über Prioritäten entscheiden. Politische Ziele, die nicht als prioritär angesehen werden, müssten zurückgestellt werden. Das trifft sicher auch auf Deutschland zu. Selbstverständlich geht das nicht von heute auf morgen, aber über die Jahre muss es zu einer Umstrukturierung des Bundeshaushaltes kommen, die den Sicherheitsanforderungen des Landes gerecht wird. Deutschland hat bewiesen, dass das möglich ist. Denn in der ganzen Zeit des Kalten Krieges, auch unter den sozialdemokratischen Bundeskanzlern Brandt und Schmidt, war das der Fall.

Es geht also nicht um unsere Fähigkeiten und Möglichkeiten, sondern um den politischen Willen. Sicherheit hat ihren Preis. Aber ist die Preisgabe von Sicherheit und Frieden als die ultimativen, existenziellen und legitimierenden Ziele von Politik überhaupt denkbar? Haben wir wirklich die Option zu kapitulieren? Hätten wir überhaupt die Möglichkeit, indem wir die Ukraine für verloren geben, unsere eigene Haut zu retten? Oder wäre eine solche Politik eben gerade nicht Friedenspolitik, weil sie dem Aggressor Putin zur Fortsetzung seiner Politik der Gewalt und des Krieges den Weg ebnen würde? Dann wäre die Politik, die ihre eigene Unzulänglichkeit als Besonnenheit und Zurückhaltung anpreist, im Ergebnis ein Beitrag zur Eskalation, Verlängerung und Ausdehnung des Krieges. Am Ende hätten wir nämlich gar keine Wahl, als Freiheit, Demokratie und Rechtsstaat, eben unsere europäische Art zu leben, notfalls auch militärisch zu verteidigen. Wenn das so ist, dann ist es nicht nur die verantwortungsvollste, sondern auch die wirksamste Form, unsere eigene Sicherheit dadurch zu schützen, dass wir die Ukraine so gut unterstützen, wie es geht, und nicht nur zurückhaltend. Die Entscheidung dieser europäischen Schicksalsfrage ist eine existenzielle Frage unserer Demokratie. Wir können sie weder an Regierungen noch an Parlamente delegieren. Es ist die Entscheidung der Frage, wer wir sein wollen. Diese Frage erfordert die Entscheidung jedes Einzelnen in unserer Demokratie.

# TEIL 2
# KRIEGE UND KONFLIKTE

# 1.
# DIE ANGEKÜNDIGTE ZEITEN-WENDE UND DIE SICHERHEIT EUROPAS

## Bis zum Krieg

Bis wenige Monate vor dem 24. Februar 2022 war für die meisten im Westen ein solcher Krieg in Europa und der schiere Zivilisationsbruch, den er bedeutet, unvorstellbar. Für die westlichen Gesellschaften und Staaten war es eine verinnerlichte historische Lehre aus den beiden Weltkriegen, dass ein Landkrieg in Europa schlicht keine Option der Politik im 21. Jahrhundert mehr sein könne. Spätestens seit den 1970er-Jahren war auch die Sowjetunion zu einer Status-quo-Macht in Europa geworden. Auch ihr ging es um die Wahrung des erreichten Gleichgewichts, das Management des Ost-West-Konfliktes unter Einbeziehung der Kontrolle der wechselseitigen militärischen und nuklearen Abschreckung, eben um die Wahrung des politischen Status quo. Alle waren sich einig, dass Krieg keiner wollen kann.

Dieser Status quo änderte sich mit dem Fall des Eisernen Vorhangs, der Auflösung des Warschauer Paktes und dem Zerfall der Sowjetunion. Der ehemalige Status quo des Ost-West-Konfliktes und der gegenseitigen militärischen Abschreckung verwandelte sich binnen weniger Jahre in eine Situation, die für Europa ein historisches Novum darstellte: die Entstehung einer europäischen Friedensord-

nung, in der alle Staaten einen Platz haben und wechselseitig ihre territoriale Integrität und politische Selbständigkeit respektieren. Genau diese europäische Transition
von der politischen und militärischen Konfrontation
zweier Blöcke zu einem freien, vereinigten und friedlichen
Europa ist von Putin historisch eingeordnet worden, und
zwar als die größte historische Katastrophe des 20. Jahrhunderts.

Putin hat sich mit dem Ausgang des Ost-West-Konfliktes niemals abgefunden. In der europäischen Friedensordnung nach 1990 war Russland ein Land wie andere Länder
auch, aber eben kein Imperium mehr. Diesen Status hat
Putin weder persönlich und emotional noch historisch jemals akzeptiert. Für den früheren Nationalen Sicherheitsberater der USA Zbigniew Brzeziński entschied sich für
Putin an der Stellung der Ukraine, ob Russland über den
Status eines Imperiums verfügt oder »nur« ein Land wie
andere ist. Russland ohne die Ukraine sei ein Land, Russland mit der Ukraine sei ein Imperium. Auf der Grundlage
dieser zutreffenden Einschätzung dürfen wir annehmen,
dass für Putin als Person und als Präsident, und zwar von
dem Moment an, in dem er ins Amt gekommen war, niemals infrage stand, dass die Ukraine ebenso legitimer- wie
notwendigerweise mindestens ein russisches Einfluss-
gebiet zu sein habe.

Die Entwicklung der Ukraine zu einem Staat, der in
freier Selbstbestimmung über seine Grundausrichtung –
Demokratie, Rechtsstaat, Mitgliedschaft in der Europäischen Union und in der NATO – entscheidet, wurde von
Putin stets als eine Fortsetzung der geopolitischen Katastrophe angesehen, als die er den Zerfall der Sowjetunion

und des Warschauer Paktes einschätzt. Genau diese Katastrophe zeichnete sich für ihn ab, als die ukrainische Bevölkerung sich Ende 2013/Anfang 2014 in Massenprotesten
auf dem Maidan in Kyjiw versammelte und nicht aufhörte,
ihren Wunsch nach einer Ukraine in Freiheit, ohne Korruption und als Teil Europas auszudrücken. Diese Proteste
richteten sich unmittelbar gegen die Moskauer Mario-
nettenregierung unter Präsident Janukovič. Die friedliche
Revolution der Maidan-Bewegung hatte Erfolg, die Regierung Janukovič wurde gestürzt, Janukovič selbst suchte
Zuflucht in Russland und ward seither nicht mehr gesehen.

Auf dem Wege einer friedlichen Revolution hat die
ukrainische Bevölkerung im Jahr 2014 erkämpft, dass die
Ukraine ein Teil der europäischen Familie wird. Ihr Kampf
darum, diesen Prozess zu vollenden, dauert bis heute an.
Diese Entscheidung und die Freiheit, die den Ukrainern
durch die Kraft einer friedlichen Revolution zugewachsen
ist, waren in der Vorstellungswelt Putins ein ungeheurer,
provokativer und inakzeptabler Akt. Neben dem imperialistischen Selbstverständnis Russlands barg die Entscheidung der Ukraine, normativ und politisch zu Europa gehören zu wollen, für Putins Herrschaft in Russland auch ganz
praktische Gefahren. Putin weiß ganz genau, was für ihn
gefährlich ist. Das ist entgegen aller gegenteiligen Behaup-
tungen nicht die NATO, von der auch Putin weiß, dass sie
ein rein defensives, eben ein Verteidigungsbündnis ist. Es
gehört zum Standardrepertoire der russischen Propaganda,
von der sogenannten NATO-Osterweiterung zu sprechen,
die entgegen westlicher Versprechen stattgefunden haben
soll. Die US-amerikanische Historikerin M. E. Sarotte hat
in ihrem eindrucksvollen Werk »Nicht einen Schritt weiter

nach Osten« auf der Basis der umfassend zugänglichen Quellen nachgewiesen, dass es keine rechtlich verbindliche Vereinbarung darüber gegeben hat, dass es nicht zu einer Erweiterung der NATO nach Osten kommen werde.

Tatsächlich war es die Angst vor russischer Aggression, die immer mehr zentral- und osteuropäische Staaten auf der Suche nach Schutz in die NATO geführt hat. Gern wird auch von einer Umzingelung Russlands durch die NATO gesprochen. Wer auf die Karte blickt, stellt schnell fest, dass davon keine Rede sein kann. Von den fast 58000 Kilometern russischer Außengrenze teilt Russland nur knapp 2000 Kilometer mit NATO-Staaten. Vor dem Beitritt Finnlands in diesem Jahr, der erst durch den russischen Angriffskrieg gegen die Ukraine politisch überhaupt möglich wurde, waren es nur knapp 660 Kilometer.

Weitaus gefährlicher für Putin als die NATO sind die Europäische Union und eine mögliche Mitgliedschaft der Ukraine. Die EU ist eine Gemeinschaft des Rechts, sie sorgt für Wohlstand, und sie macht Staaten erfolgreich. Putin kann das überall bei den neuen Mitgliedstaaten in Mittel- und Osteuropa beobachten. Die EU hat als solche wenig Hardpower, aber sie hat eine unglaubliche Softpower. Sie verfügt nicht über Waffen der Massenvernichtung, aber sie verfügt über Waffen der Massenanziehung. Eine europäische Ukraine wird die Russen alsbald fragen lassen, warum es eigentlich kein europäisches Russland gibt, warum ihre europäischen Nachbarn wirtschaftlich erfolgreich sind, an freien Wahlen teilnehmen dürfen, nur sie nicht. Nicht die Waffen des Westens, sondern die Sehnsucht der Menschen ist es, die Putin bedrohen kann und die er fürchtet wie nichts anderes.

Die freie Entscheidung der Ukrainer für Europa und das sich daraus ergebende Assoziationsabkommen der Europäischen Union mit der Ukraine machen Putin endgültig zum Aggressor in Europa. Bereits im Jahr 2014 erfolgte die zunächst unter Tarnung stattfindende militärische Besetzung und anschließende Annexion der Krim. In der Region Donbass in der Ostukraine ließ sich ebenfalls im Jahr 2014 Putin von separatistischen Kräften dort »zu Hilfe rufen«, was nichts anderes bedeutete als das militärische Eindringen Russlands in diesen Teil der Ukraine. Der Westen reagierte mit großer Empörung auf diese völkerrechtswidrigen Gewaltakte Russlands. Es wurden erhebliche wirtschaftliche Sanktionen gegen Russland beschlossen. Diese Sanktionen indessen waren von Vornherein lückenhaft und löchrig. Ihre größte Schwachstelle war, dass der für Putin so entscheidende Energiesektor nicht angefasst wurde und sich damit auch an der hohen Abhängigkeit Deutschlands von russischem Öl und Gas nichts änderte.

Auch in der praktischen Umsetzung wurden die Sanktionen in den einzelnen Mitgliedstaaten der Europäischen Union sehr unterschiedlich gehandhabt. Im Lauf der Zeit konnte sich Russland auf diese Sanktionen einstellen und mit ihnen leben. Die westlichen Regierungen haben versäumt, konsequent auf das Instrument der wirtschaftlichen Sanktionen zu setzen, sie anzupassen und zu verschärfen sowie auf die wirksame Umsetzung zu achten.

Das große Versagen lag aber auf anderen Gebieten. Einen katastrophalen, folgenschweren historischen Fehler müssen sich dabei Deutschland, die deutsche Regierung und wesentliche Teile der deutschen Industrie anrechnen lassen. Ich spreche von der russischen Ostseepipeline Nord

Stream 2. Diese Gaspipeline diente dazu, die durch die Ukraine verlaufende Landleitung für russisches Gas durch eine Umgehung zu ersetzen. Dieses Vorhaben war von Vornherein nichts anderes als eine politische Waffe Putins gegen die Ukraine. Es ging ihm im Kern weder um Gas noch um Wirtschaft überhaupt. Es hatte einen einfachen und eindeutigen Zweck: Putin wollte sich die Freiheit verschaffen, mit der Ukraine machen zu können, was er will, und gleichzeitig die Belieferung Europas mit russischem Gas – eine wirtschaftliche Lebensader Russlands – ungehindert fortsetzen zu können. Für jeden, der sehen und hören wollte, war dies erkennbar. Neben mir haben es auch viele so gesehen, etwa die Kommission der Europäischen Union und ihre Präsidentin, die polnische Regierung und die baltischen Regierungen, führende Politiker beider Parteien in den USA und die amerikanische Administration. Wer es dezidiert nicht sehen wollte, waren die Bundesregierung mit den Bundesministern Steinmeier und Gabriel in führender Rolle in dieser Frage sowie die an der Nord Stream AG beteiligten deutschen Unternehmen samt ihrer Mutterkonzerne. Lediglich ein Jahr nach der gewaltsamen Annexion der Krim und dem militärischen Eindringen Russlands in die Ostukraine gab die Bundesregierung diesem Projekt grünes Licht.

In besonderer Erinnerung ist mir in diesem Zusammenhang ein Text der »Frankfurter Allgemeinen Zeitung« aus dem Jahr 2015 geblieben, die auch mich um eine Stellungnahme gebeten hatte. Anlass war, dass sich auf dem EU-Gipfeltreffen mehrere Regierungschefs ost- und südeuropäischer Staaten gegen Nord Stream 2 gestellt hatten. Auch EU-Ratspräsident Donald Tusk, heute erneut Ministerpräsident Polens, kritisierte das Vorhaben, da es die Abhängigkeit von Russland nicht wie geplant mindere. Der damalige deutsche Außenminister Gabriel verteidigte das Vorhaben als »im deutschen Interesse« liegend und warf der EU vor, »ideologische Scheingefechte« zu führen. Aber Gabriel war keinesfalls der Einzige. Die fadenscheinigen und provozierenden öffentlichen Erklärungen dazu reichten von der Aussage, dass es sich bei Nord Stream 2 um ein rein »privatwirtschaftliches Projekt« handele, das keine politische Bedeutung habe und auf das man politisch auch nicht einwirken könne – so Bundeskanzlerin Merkel und Bundeswirtschaftsminister Altmaier –, bis zu der historisch geradezu hanebüchenen Erklärung von Frank-Walter Steinmeier noch wenige Monate vor Ausbruch des Krieges Russlands gegen die Ukraine, dass Nord Stream 2 eine der wenigen verbliebenen »Brücken zu Russland« sei und dass es ein Gebot der deutschen Schuld gegenüber Russland sei, diese Brücke nicht zu zerstören.

Von Sigmar Gabriel ist übrigens zu sagen, dass er der Einzige unter den damals verantwortlichen Politikern ist, der klar, eindeutig und öffentlich die seinerzeitige Politik als grundlegend verfehlt und gescheitert beschrieben und das auch als Teil seiner Verantwortung als Mitglied der Bundesregierung anerkannt hat. Das verdient Respekt.

Die deutsche Appeasement-Politik gegenüber Russland von den Jahren 2014/2015 bis zum 24. Februar 2022 war ein verhängnisvoller Sonderweg. Dieser Sonderweg wurde entgegen eindringlicher Warnungen von vielen Seiten über Jahre hinweg beschritten, obwohl an der aggressiven Rücksichtslosigkeit der Außenpolitik Putins und an seiner Bereitschaft, jede noch so grundlegende Norm des Völkerrechts zu brechen, schon lange kein Zweifel bestehen konnte. Allein die russische Beteiligung am Krieg in Syrien an der Seite des Diktators Assad und die in diesem Rahmen begangenen Kriegsverbrechen, etwa bei der Bombardierung der Stadt Aleppo, waren Beweis genug. Die Europäische Kommission, die polnische und die baltischen Regierungen, führende Politiker beider Parteien in den USA und die amerikanische Regierung bedrängten die Bundesregierung von Angela Merkel, dem Projekt Nord Stream 2 einen Riegel vorzuschieben – vergeblich. Es bedurfte des Krieges, um das Projekt Nord Stream 2 zu beenden.

Auch auf einem anderen Gebiet konnte Putin vor Beginn des Krieges gegenüber dem Westen einen bemerkenswerten, unglücklicherweise ebenso folgenschweren Sieg erringen. Dieser bestand in der Übernahme des russischen Narrativs, dass die militärische Ausrüstung und Ausbildung der Ukraine durch westliche Staaten eine »Militarisierung des russisch-ukrainischen Konfliktes« durch den Westen bedeuten, die nicht nur jede politische Verhandlung im Minsk-Format sofort beenden, sondern auch die Gefahr eines Krieges heraufbeschwören würden. Natürlich stellt sich diese Frage im Nachhinein viel einfacher dar als zuvor. Aber schon vor dem Krieg war der Anspruch Putins auf eine wehrlose Ukraine ein unglaublicher Eingriff in deren Souveränität. Dieser Anspruch war geradezu absurd und empörend, weil er von dem Land erhoben wurde, das selbst nicht nur hochgerüstet bis an die Zähne war, sondern auch gegen die Ukraine auf der Krim und in der Ostukraine militärische Gewalt anwendete.

Völlig widersprüchlich war das Verhalten Russlands, aber auch der USA, vor dem völkerrechtlichen Hintergrund des Budapester Memorandums aus dem Jahr 1994. Hierin hatte sich die Ukraine als damals drittstärkste Nuklearmacht der Welt zur Preisgabe ihres Atomwaffenarsenals verpflichtet und dafür im Gegenzug eine Sicherheitsgarantie unter anderem von Russland (!) und den USA erhalten. Russland als einer der Garantiestaaten für die Sicherheit der Ukraine hatte also die Ukraine danach selbst angegriffen und bestand nun darauf, dass sie sich dauerhaft nicht verteidigen könne. Der amerikanische Präsident Obama zögerte durchaus, sich diesem ungeheuerlichen Ansinnen Putins anzuschließen. Es war in diesem Fall Bundeskanzlerin Merkel, die eine entschiedene Gegnerin der militärischen Ausrüstung und Ausbildung der Ukraine durch westliche Staaten war und der es gelang, Präsident Obama von dieser Politik zu überzeugen. Ich erinnere mich noch gut an John McCain, langjähriger republikanischer Senator in den USA, Kriegsveteran, Transatlantiker und ein guter Freund Deutschlands, wie er sich in Gesprächen mit mir bei meinen Besuchen in Washington, aber auch etwa in den Diskussionen auf der Münchner Sicherheitskonferenz über diese Politik des Westens empörte und gegen sie ankämpfte. Eines der wenigen Dinge, die ich politisch bereue, ist, dass ich für dieses Anliegen, die militärische Ausrüstung und Ausbildung der ukrainischen Streitkräfte, nicht mit der gleichen Vehemenz gekämpft habe wie gegen Nord Stream 2.

Einige Jahre später haben dann die USA und Großbritannien in bescheidenem Umfang Waffen an die Ukraine geliefert und auch Ausbildungshilfe geleistet. Das Bemerkenswerte an diesem Aspekt der Vorgeschichte des russischen Krieges gegen die Ukraine ist in meinen Augen die

Bereitschaft, gerade auch in der deutschen Politik, sich von den Droh- und Angstnarrativen Putins beeindrucken zu lassen und diese sogar selbst zu übernehmen. Dabei gehört es fast schon zum Allgemeinwissen, dass Putin ein solches Verhalten nur als Schwäche wahrnimmt. Schwäche aber besänftigt Putin nicht, sondern ermuntert ihn zur nächsten Provokation oder zur nächsten Gewaltanwendung. Von Gewaltanwendung ist Putin nur durch glaubwürdige Abschreckung und durch eine Sprache der Stärke, die auf Fähigkeiten und politischem Willen beruht, abzubringen. Ich betone dieses Phänomen auch deshalb, weil sich Politiker und andere in Deutschland bis zum heutigen Tag nicht davon abbringen lassen, die Narrative Putins zu übernehmen. Die führenden deutschen Politiker und übrigens auch Diplomaten hielten an dem Muster ihrer Russlandpolitik fest, ungeachtet der aggressiven Taten und der immer aggressiver werdenden Sprache Putins, mit denen er dem russischen Imperialismus zunehmend auch eine völkische Grundlage gab. Noch in den Tagen vor Beginn des Krieges, als die amerikanische Regierung die deutsche Regierung eindringlich vor dem bevorstehenden Krieg warnte, bestanden die deutschen Vertreter darauf, Beweise zu sehen. Ein absurdes Verhalten. Es dauerte dann nur noch wenige Tage, bis Putin die Beweise lieferte.

## Krieg

Als Putin am 24. Februar 2022 den Krieg gegen die Ukraine begann, mischte sich das allgemeine Entsetzen in der Welt mit einer allgemeinen Erwartung an das, was nun passieren würde. Die Annahme praktisch aller – der Geheimdienste, der Experten, der Regierungen, der Politiker, der Journalisten und ihnen folgend auch der Bevölkerungen – war, dass Kyjiw innerhalb von Tagen, vielleicht Wochen fallen würde. Der wehrlosen Ukraine wurde gegenüber dem militärischen Giganten Russland nichts zugetraut. Aber bereits nach Tagen zeichnete sich ein anderes Bild ab. Es fing damit an, dass der ukrainische Präsident Selenskyj in einem einzigen Satz den Amerikanern, dem Westen und der ganzen Welt den ukrainischen Selbstbehauptungswillen mitteilte. Das Angebot der Amerikaner, ihn aus dem Land und in Sicherheit zu bringen, hatte er mit dem Satz beantwortet, dass er kein Auto, sondern Waffen benötige. Seither hat der ukrainische Präsident den russischen Präsidenten kommunikativ an die Wand gespielt und den Krieg auf dem Gebiet der öffentlichen Kommunikation gewonnen. Parallel dazu stellte die Weltöffentlichkeit mit großer Überraschung fest, wie unbeholfen der russische Vormarsch erfolgte und wie etwa die hintereinander aufgereihten russischen Panzer von den Ukrainern – mit bloßen Panzerfäusten bewaffnet und in einer Art Partisanentechnik kämpfend – wie Tontauben aus dem Hinterhalt beschossen werden konnten. Der Vormarsch der russischen Truppen stockte bald und kam schließlich zum Halt. Gleichzeitig waren vor allem die

USA schnell und effektiv bei der Lieferung von Waffen und anderer militärischer Ausrüstung an die Ukraine.

Aber auch über die USA hinaus hatte sich Putin im gesamten Westen, in den Europäern und besonders auch in Deutschland dieses Mal grundlegend geirrt. Der Westen fand in großer Entschlossenheit und in neuer Geschlossenheit zusammen. Am bemerkenswertesten war der grundlegende Wandel der gesellschaftlichen Meinung und der Politik in Deutschland. Glaubenssätze, die in der politischen Diskussion über Jahrzehnte als sakrosankt galten, wurden über Bord geworfen, wie etwa der, dass Deutschland in Konfliktgebiete keine Waffen liefere. Dieser Grundsatz hatte über Jahrzehnte nahezu allgemeine Zustimmung gefunden. Aber es hätte erst recht vor dem Krieg in der Ukraine praktisch jeder in Deutschland diesen Satz auf einen Konflikt angewendet, in dem Russland ein aktiver Beteiligter war. Es waren nur drei Tage, die Bundeskanzler Scholz brauchte, um in der Zeitenwende-Rede den grundlegenden Wechsel und die neue deutsche Haltung angesichts der Rückkehr des Krieges nach Europa festzulegen. Es wurde bald klar, dass Putin drei grundlegenden Irrtümern erlegen war, als er die Entscheidung zum Krieg traf. Sein erster Irrtum war die kolossale Überschätzung der militärischen Fähigkeiten Russlands. Sein zweiter Irrtum war die völlige Unterschätzung sowohl der militärischen Fähigkeiten der Ukrainer als auch ihres Überlebenswillens wie ihrer Tapferkeit. Der dritte Irrtum Putins lag in der fundamentalen Fehleinschätzung der Entschlossenheit und Geschlossenheit des Westens.

Im Sommer des Jahres 2022 kam es dann zu bemerkenswerten militärischen Rückeroberungen der Ukrainer. Der

Ukraine gelang es, im Osten des Landes insgesamt rund die Hälfte der von Russland eroberten und besetzten Gebiete zu befreien. Ein Ergebnis dieser militärischen Erfolge war, dass schlimmste Kriegsverbrechen der russischen Besatzer an der Zivilbevölkerung in ihrer ganzen Grauenhaftigkeit sichtbar wurden. Vor dem Hintergrund der militärischen Erfolge der Ukraine im Jahr 2022 richtete sich das Augenmerk für das Jahr 2023 auf eine mit vielen Hoffnungen verbundene Frühjahrs- und Sommeroffensive. Diese Offensive wurde mit großem Einsatz, unter hohen Verlusten auf beiden Seiten geführt und scheiterte an den großräumigen und mehrstufigen Verteidigungslinien, die Russland in der Zwischenzeit im Süden des Landes, wo die Offensive stattfand, errichtet hatte.

Sowohl die Erfolge der Ukraine als auch der gegenwärtige Stellungskrieg auf ihrem Gebiet und der militärische Druck, unter dem das Land inzwischen steht, sind auf die Politik der zurückhaltenden militärischen Unterstützung durch den Westen zurückzuführen. Vor allem für Deutschland, aber auch für die Europäer und für die USA bedeuten die Tatsache und das Ausmaß der militärischen Unterstützung der Ukraine eine enorme Veränderung, wenn man es mit dem Verhalten des Westens in der Vergangenheit vergleicht. Misst man die Unterstützung allerdings an den Erfordernissen der Ukraine heute und an den Interessen auch des Westens in der Gegenwart, dann zeigt sich deutlich die Unzulänglichkeit der westlichen Politik. Es ist nicht wenig, aber eben nicht genug, wenn das Ziel darin besteht, die Ukraine in die Lage zu versetzen, Russland weiter zurückzudrängen und militärisch die Oberhand zu gewinnen. Nur dann werden politische Lösungen überhaupt erst möglich.

Die ganze Dimension, um die es hier geht – militärisch, politisch, moralisch und historisch –, und ihre schicksalhafte Bedeutung für die Zukunft nicht nur der Ukraine, sondern Europas und des Westens lassen sich besonders gut erkennen, wenn man die Diskussion und die Kontroverse in dieser Frage am Beispiel Deutschlands nachzeichnet. Entgegen des Eindrucks, den der Bundeskanzler mit seiner Rede am 27. Februar 2022 vor dem Bundestag erweckt hatte, stellte sich sehr schnell heraus, dass es ausgerechnet er selbst sein würde, der sich immer mehr zu der politischen Zentralgestalt in Deutschland entwickelte, die die Lieferung von Waffen und Munition an die Ukraine mit Bedenken befrachtete, verzögerte oder blockierte.

Die Kontroverse begann, sobald es um die Lieferung bedeutsamer Waffensysteme, sogenannter schwerer Waffen, ging. Im deutschen Fall war damit konkret die Lieferung von Schützenpanzern und Haubitzen gemeint. Zu dieser Frage gab Scholz am 22. April 2022 dem »Spiegel« ein bemerkenswertes Interview. Darin verknüpfte er die Lieferung der Waffensysteme mit der Gefahr eines Atomkrieges. Der Bundeskanzler stellte seine persönliche Einschätzung dar, dass die Lieferung von Schützenpanzern und Haubitzen durch Deutschland von Putin mit dem Einsatz von Nuklearwaffen beantwortet werden könnte. Der Bundeskanzler hat ohne Not nicht nur den Deutschen, sondern auch Putin offen mitgeteilt, dass dessen nukleare Drohungen Teil des Abwägungs- und Willensbildungsprozesses der deutschen Regierung sind. Mit einer solchen Aussage sind notwendigerweise zwei Effekte verbunden. Erstens mit Blick auf die deutsche Bevölkerung, der gegenüber der Kanzler sich das nukleare Angst- und Drohnarrativ Putins zu eigen macht und es im eigenen Land verbreitet. Der zweite Effekt tritt gegenüber Putin selbst ein, dem der Kanzler auf diese Weise mitteilt, dass seine Drohungen auf ihn Eindruck machen.

Damit schlug Scholz mal soeben die Philosophie, Politik und den historischen Erfolg der westlichen nuklearen Abschreckung während des Kalten Krieges in den Wind. Man muss sich die Tragweite dieses Verhaltens klarmachen. Was würde es im Hinblick auf die diversen Nuklearmächte und solche wie die Islamische Republik Iran, die es werden wollen, bedeuten, wenn sich der Westen insgesamt wie der deutsche Bundeskanzler verhielte und offen und ängstlich gegenüber nuklearen Drohungen zeigte? Die Welt würde gefährlicher werden, und eine unglaubliche Machtverschiebung träte zugunsten von Staaten ein, die bereit wären, mit nuklearer Drohung Politik zu machen. Man stellt sich daher zwangsläufig die Frage, ob dem Bundeskanzler diese beiden Wirkungen seiner Aussage bewusst waren und wenn ja, was ihn dazu bringt, diese beiden Wirkungen sowohl gegenüber der eigenen Bevölkerung als auch gegenüber Putin herbeizuführen.

Ich gebe zu, dass mir dieses Verhalten rätselhaft geblieben ist. Es ist sicher realistisch anzunehmen, dass Scholz im nächsten Bundestagswahlkampf mit der Aussage vor die Wählerinnen und Wähler treten wird, er und seine Politik hätten die deutsche Bevölkerung beschützt und Risiken gemieden. Ob schon bis dahin das Gegenteil sichtbar werden wird, dass eine Politik der Zurückhaltung eben keinen Frieden bringt, bleibt abzuwarten. Aber selbst diese Kalkulation bietet keine rationale Erklärung für das Kommunikationsverhalten des Kanzlers angesichts seiner offensichtlichen schädlichen Konsequenzen. Die unerklärliche Kommunikation, in der er das Wort »Atomkrieg« platziert hatte, fand ihren Abschluss darin, dass die umstrittenen schweren Waffen geliefert wurden, als der Druck auf Scholz im eigenen Land zu groß wurde. Die vom Kanzler befürchtete und öffentlich kommunizierte Eskalation blieb aus.

Abgelöst wurde diese Diskussion im Sommer des Jahres 2022 von der langwierigen Debatte darüber, ob Deutschland den hochwirksamen Kampfpanzer Leopard 2 in die Ukraine liefern solle. Die Debatte zog sich monatelang quälend hin. Es gab mehrere Vorstöße, eine europäische Allianz für Panzerlieferungen an die Ukraine zu bilden. Der Kanzler und die damalige Bundesverteidigungsministerin setzten auf Verzögerung. Außenministerin Baerbock äußerte sich vernehmlich zugunsten der Lieferung, bis sie, wahrscheinlich auf Druck des Kanzleramtes, in der Angelegenheit nur noch schwieg. Scholz sah sich in der Weigerung, Kampfpanzer Leopard 2 zu liefern, in Übereinstimmung mit der amerikanischen Regierung, die die Lieferung des Kampfpanzers Abrams ausgeschlossen hatte. Die Amerikaner kommunizierten diese Ablehnung öffentlich und machten hierfür vor allem die praktischen Schwierigkeiten geltend, die mit einem Einsatz des Kampfpanzers Abrams verbunden seien.

Als Reaktion ignorierte der Bundeskanzler die europäischen Angebote, gemeinsam Panzer zu liefern, und knüpfte eine Lieferung deutscher Leopard 2 an die Bereitschaft der Amerikaner, den Kampfpanzer Abrams zu liefern, was die Biden-Administration aber ja ausgeschlossen hatte. Leicht durchschaubar, war diese Bedingung dazu gedacht, sich hinter der amerikanischen Entscheidung zu verstecken und die Lieferung des Leopard 2 zu verhindern. Trotz der Ankündigungen der amerikanischen und der deutschen Regierung kam die Debatte nicht zum Stillstand, stattdessen wuchs der öffentliche Druck immer weiter. Von außen war es vor allem Polen, das Druck machte und schließlich sogar andeutete, die eigenen Panzer des Typs Leopard 2 im Rahmen einer internationalen Koalition notfalls ohne deutsche Zustimmung zu liefern.

Der zunehmende innereuropäische Streit und politischer Druck brachten Präsident Biden zum Einlenken, und er kündigte die Lieferung des Kampfpanzers Abrams an die Ukraine an. Dies wiederum setzte den Bundeskanzler unter Zugzwang, und Anfang des Jahres 2023 entschied der Bundeskanzler, der Ukraine 18 Leopard 2 zur Verfügung zu stellen.

Die Gegenoffensive der Ukraine im Jahr 2023 verfehlte ihre Ziele. Die Ukraine war nicht in der Lage, die umfangreichen Verteidigungslinien, die die russische Armee errichtet hatte, zu überwinden. Die erhebliche Verspätung bei der Lieferung der notwendigen Waffen infolge der langwierigen Diskussionen hatte Russland enorm viel Zeit gegeben, diese praktisch nicht zu überwindenden Verteidigungslinien zu bauen. Zudem fehlten der Ukraine durch bewusste politische Entscheidungen vor allem der amerikanischen Regierung und der Bundesregierung zwei strategische Fähigkeitskomponenten, die für den Erfolg einer solchen Offensive entscheidend waren. Präsident Biden hatte sich dagegen entschieden, der Ukraine Kampfflugzeuge des Typs F-16 zu liefern, und darüber hinaus beschlossen, denjenigen europäischen Regierungen, die der

Ukraine ihre F-16-Kampfflugzeuge zur Verfügung stellen wollten, dafür die notwendige Zustimmung zu verweigern. Diese Entscheidung wurde später revidiert, sodass eine F-16-Koalition bestehend aus 14 Staaten entstehen konnte. Die Verzögerung durch die USA hatte zur Folge, dass die ukrainische Armee bei ihrer Offensive den Luftangriffen der russischen Luftwaffe stark ausgesetzt war. Die zweite Komponente, die der ukrainischen Armee fehlte, waren Langstreckenraketen oder Langstreckenmarschflugkörper.

Hier wiederum kommt Deutschland ins Spiel. Deutschland verfügt über den hochwirksamen 500 Kilometer weit reichenden Marschflugkörper Taurus. Monatelang hieß es aus der Bundesregierung und vor allem vom Bundeskanzler, dass die Lieferung dieses Marschflugkörpers geprüft werde. Auffallend war, dass die Prüfung zu keinem Ende kam und auch nicht klar gesagt werden konnte, was überhaupt geprüft wurde. Die CDU/CSU-Bundestagsfraktion hatte in mehreren im Bundestag eingebrachten Anträgen die Bundesregierung aufgefordert, der Ukraine den Marschflugkörper Taurus zur Verfügung zu stellen. Zum ersten Antrag dieser Art äußerten sich Grüne und FDP zwar durchweg zustimmend, entschieden dann jedoch, den Antrag zur Beratung in den Auswärtigen Ausschuss zu überweisen, wo er monatelang Woche um Woche durch die Koalition von der Tagesordnung genommen wurde. Die Konsequenz: Der Deutsche Bundestag konnte in der Sache nicht entscheiden.

In der Woche vom 19. Februar 2024 wurde im Bundestag in mehreren Debatten diese Frage diskutiert und die Anträge der CDU/CSU-Bundestagsfraktion mit den Stimmen der Koalitionsfraktionen sowie selbstverständlich von der Fraktion der AfD sowie den Gruppen der Linken und des BSW abgelehnt. Der Bundeskanzler erschien zu keiner dieser Debatten. In der Woche darauf erklärte sich der Kanzler gegenüber den Chefredakteuren der deutschen Zeitungen zu dieser Frage. Die Position, die Begründung und die weiteren Aussagen, die der Bundeskanzler in diesem Gespräch und danach auch in der Öffentlichkeit getroffen hat, müssen genau wiedergegeben werden, weil sie eine enorme politische und diplomatische Dimension entwickelt haben. Über Marschflugkörper mit großer Reichweite zu verfügen, im Falle des Taurus sind es 500 Kilometer und damit rund 200 mehr als bei den britischen und französischen Systemen, kommt für die Verteidigung der Ukraine eine strategische Bedeutung zu. Diese wird dadurch gesteigert, dass infolge der unzureichenden Lieferung von Munition Russland eine enorme Überlegenheit in der Munitionsausstattung erlangt hat. Marschflugkörper ermöglichten es der Ukraine, in sicherer Entfernung von der Frontlinie russische Waffen, Munitionsvorräte und Logistikeinrichtungen zu zerstören, bevor sie zum Angriff auf die Ukraine und auf Zivilisten genutzt werden können. Mit dieser Fähigkeit könnte die Ukraine mindestens bis zu einem gewissen Grad ihre Munitionsunterlegenheit, die infolge unzulänglicher westlicher Lieferungen eingetreten ist, kompensieren.

Ende Februar 2024 hat der Bundeskanzler die Lieferung von Taurus-Marschflugkörpern kategorisch mit einer Begründung abgelehnt, für die es einer monatelangen Prüfung nicht bedurft hätte. Seine Argumentation lautete, dass für den Einsatz des Marschflugkörpers in der Ukraine die Programmierung für die Zielerfassung durch deutsche Soldaten, in der Ukraine oder in Deutschland, notwendig sei. An der Programmierung durch deutsche Soldaten führe auch deshalb kein Weg vorbei, weil Deutschland die Kontrolle über ein so wirksames Waffensystem behalten müsse. Die folglich notwendige Beteiligung deutscher Soldaten würde dazu führen, dass Deutschland zur Kriegspartei in dem Krieg Russlands gegen die Ukraine werden würde. Dies müsse unter allen Umständen vermieden werden. Der Kanzler fügte hinzu: »... das, was an Zielsteuerung und Begleitung der Zielsteuerung vonseiten der Briten und Franzosen gemacht wird, kann in Deutschland nicht gemacht werden.« Und weiter: »Das, was andere Länder machen, die andere Traditionen und Verfassungsinstitutionen haben, ist etwas, das wir jedenfalls in gleicher Weise nicht tun können.«

Diese Aussagen des Bundeskanzlers waren in mehrerer Hinsicht bemerkenswert. Ich habe Scholz in der Sitzung des Deutschen Bundestages am 13. März 2024 die hier zitierten Sätze vorgehalten und gefragt, ob er der völkerrechtlichen Auffassung sei, dass Frankreich und Großbritannien Kriegsparteien in der Ukraine seien und, wenn nein, warum dies im Falle der Lieferung und Programmierung des deutschen Marschflugkörpers Taurus durch deutsche Soldaten anders sei. Der Bundeskanzler hat die Frage im Hinblick auf Frankreich und Großbritannien verneint und im Übrigen unbeantwortet gelassen. Die Prämisse der Ausführungen des Kanzlers war, dass die Ausbildung ukrainischer Soldaten für den Einsatz des Marschflugkörpers Taurus deshalb nicht infrage kommt, weil ihm das Vertrauen fehlt, dass die Ukraine diesen Marschflugkörper nicht gegen Ziele auf russischem Territorium einsetzt. Das Misstrauen des Bundeskanzlers in dieser Hinsicht konnte auch nicht durch die damals geltende Vereinbarung ausgeräumt werden, die westlichen Waffen nur auf ukrainischem Territorium einzusetzen.

An diese Vereinbarung hat sich die Ukraine bisher ausnahmslos gehalten. Die Ukraine hat durch ihr Verhalten keinen Grund zu Misstrauen gegeben. Sie könnte es sich gar nicht erlauben, sich nicht an die Vereinbarungen zu halten. Es wäre viel zu riskant, dass es zu Einschränkungen von Waffenlieferungen käme. Aber selbst wenn man die Prämisse des Kanzlers unterstellt, bleiben seine Aussagen sowohl tatsächlich als auch rechtlich falsch. In technischer Hinsicht ist die Aussage des Kanzlers deshalb falsch, weil der Marschflugkörper Taurus auf ein bestimmtes Einsatzgebiet programmiert werden kann. Mit anderen Worten heißt dies, dass es technisch möglich ist, den Taurus so zu programmieren, dass er nur innerhalb der Grenzen der Ukraine fliegt. Diese Programmierung kann auch nicht ohne Weiteres rückgängig gemacht werden, und welches Interesse sollten die Ukrainer haben, dies zu tun? In völkerrechtlicher Hinsicht kann es als nahezu unbestritten angesehen werden, dass Deutschland so lange auch bei dem Einsatz von Truppen auf ukrainischem Gebiet nicht Kriegspartei werden würde, wie die Entscheidung über den Einsatz und die Ziele des Marschflugkörpers in ukrainischer Hand bliebe.

Selbstverständlich ist davon auszugehen, dass dem Bundeskanzler sowohl die technische Situation als auch die völkerrechtliche Rechtslage bei seinen Ausführungen bewusst waren. Mit seinen Aussagen hat Scholz darüber hinaus einen diplomatischen Scherbenhaufen im Verhältnis zu unseren engsten Verbündeten, Frankreich und Großbritannien, angerichtet. Die britische Regierung sah sich zu einem schnellen und klaren Dementi der Aussagen des Bundeskanzlers genötigt. Andere britische Politiker übten heftige Kritik an seinen Aussagen. Die Positionierung des französischen Staatspräsidenten fiel gewissermaßen gegensätzlich aus. Macron äußerte dezidiert und gezielt die Auffassung, dass der Einsatz von westlichen Bodentruppen in der Ukraine nicht ausgeschlossen werden könne. Auf offener Bühne trugen auf diese Weise der deutsche Bundeskanzler und der französische Staatspräsident die außenpolitische Zerrüttung ihres persönlichen Verhältnisses aus. Es dauerte nur wenige Tage, bis Putin in einer Rede das Thema der Stationierung von westlichen Truppen in der Ukraine aufgriff und es mit massiven Drohungen an die westlichen Staaten verband. Der Bundeskanzler ging gleichzeitig mit den Spitzen seiner Partei und seiner Fraktion in die Offensive. Er betonte in eindringlichen Worten etwas, was ohnehin völlig unbestritten war, nämlich dass Deutschland keine Bodentruppen senden würde, nicht Kriegspartei werden solle und dürfe und dass das auch für alle NATO-Staaten gelte. Niemand hatte Deutschland aufgefordert oder gebeten, Bodentruppen zu schicken. Der Bundeskanzler tat aber so, als hinge genau diese Frage an seiner entschiedenen Politik. Angst vor Krieg, in den Deutschland hineingezogen werde, wenn jemand anderes als Olaf Scholz Bundeskanzler wäre, das war nun die neue Rhetorik, die fast auf den Tag genau zwei Jahre später die Rhetorik der Zeitenwende-Rede ablöste. Es ist ein schlagendes Beispiel für die Untrennbarkeit von Außenpolitik und Innenpolitik. Der Krieg ist bereits Thema der innenpolitischen Auseinandersetzung und wird Thema des Bundestagswahlkampfes und anderer Wahlkämpfe in Deutschland und den westlichen Gesellschaften werden. Es ist ein Kampf zwischen außenpolitischer Verantwortung und innenpolitischer Wahlkampftaktik, von der sich noch erweisen muss, ob sie aufgeht. Donald Trump und ein Teil der Republikaner im amerikanischen Kongress haben monatelang die Verteidigung der Ukraine gegen den russischen Aggressor als politische Geisel genommen, um das wahlkampfträchtige Thema der Immigration von Zentral- und Lateinamerika in die USA und die Sicherung der Grenze zu Mexiko auszuschlachten. Olaf Scholz und die Führung der SPD machen den Bürgerinnen und Bürgern in Deutschland Angst vor Krieg und inszenieren sich selbst als die einzige Option, die Deutschland aus dem Krieg heraushält.

Es wird damit ein Wahlkampfthema kreiert, das es außenpolitisch gar nicht gibt. Denn dass die westlichen Staaten nicht Kriegspartei werden, ist Konsens, der von niemandem infrage gestellt wird. Dieser Konsens wurde auch noch einmal bekräftigt, als die westlichen Regierungen Ende Mai 2024 einen Kurswechsel in der grundsätzlichen Frage vollzogen, ob mit westlichen Waffen zur Verteidigung auch militärische Ziele auf russischem Staatsgebiet angegriffen werden dürfen. Obwohl völkerrechtlich zweifelsohne zulässig, hatten sie das bis dahin ausgeschlossen. Diese Selbstbeschränkung wurde von Moskau dann aber als Kriegstaktik benutzt. Vor allem Charkiw, die zweitgrößte Stadt der Ukraine, wurde monatelang von Stellungen direkt hinter der Grenze bombardiert, um das Leben in der Stadt unmöglich zu machen. Dies veranlasste die westlichen Regierungen, wenn auch spät, zur Anpassung ihrer Politik. Die deutsche Regierung war Teil dieses Kurswechsels, den mitzuteilen der Bundeskanzler seinem Regierungssprecher überließ. Die russische Drohrhetorik blieb ohne Konsequenzen, die Bombardierungen von Charkiw sind deutlich zurückgegangen. Gleichzeitig besteht die Klarheit fort, dass westliche Staaten nicht Kriegspartei werden und ihre Politik danach ausrichten.

Die wahre und gleichzeitig verdrängte Frage ist, von welchem Verhalten des Westens man erwarten kann, dass es zur Beendigung des Krieges beiträgt. Ist das eher die Zurückhaltung in der Unterstützung der Ukraine oder ein Verhalten, das auf die Befähigung der Ukraine durch westliche Unterstützung setzt, den Krieg Russlands abzuwehren und in den Misserfolg zu führen? Diese Frage impliziert auch das Risiko einer Ausweitung des Krieges. Liegt das Risiko einer Eskalation und Ausweitung des Krieges in der konsequenten Unterstützung der Ukraine, oder weitet sich der Krieg eher dann aus, wenn Putin in der Ukraine Erfolg hat?

Meiner Meinung nach kann es hier keinen Zweifel geben. Militärische Erfolge Russlands, die Schwäche der Ukraine und des Westens würden Putin nicht sättigen und ihn mit dem Erreichten zufriedenstellen. Mit allem, was Putin seit mindestens zehn Jahren unternommen hat, muss man eine solche Annahme als naives Wunschdenken bezeichnen. Eigene militärische Erfolge und die Schwäche des Gegners steigern den Appetit Putins auf weitere Eroberungen. Darum ist es so fatal, dass die unzulängliche Unterstützung der Ukraine auch durch Deutschland zu einer für die Ukraine kritischen militärischen Lage geführt hat.

Im dritten Kriegsjahr befindet sich die Ukraine in einem schrecklichen Stellungskrieg auf eigenem Territorium. Vor allem die Munitionsüberlegenheit ist inzwischen eindeutig auf der russischen Seite und beträgt ein Vielfaches der ukrainischen Möglichkeiten. Dass diese Lage eintreten würde, ist mitnichten eine Überraschung, sondern sie stand als Folge der politischen Entscheidungen der westlichen Staaten, allen voran der USA und Deutschlands, fest. Denn das Verhalten der westlichen Staaten beinhaltete zwei Weichenstellungen. Erstens war es die Entscheidung, die Produktion von Munition nicht sofort zu Beginn des Krieges an den Verbrauch von Munition im Krieg anzupassen. Zwar hat es niemals an Worten und nicht einmal an Beschlüssen gefehlt, aber stets an Taten. Im März 2023 beschlossen die Mitgliedstaaten der EU, eine Million Stück Artilleriemunition binnen eines Jahres zu beschaffen. Nicht einmal die Hälfte davon wurde realisiert, weil weder die dafür notwendigen Aufträge an die eigenen Industrien vergeben wurden noch in die Ausweitung von Industriekapazitäten investiert und schließlich auch nicht auf dem internationalen Markt die Munition beschafft wurde.

Nachdem die gesamte EU und die Mitgliedstaaten ihr Scheitern bei diesem Versprechen zugestanden hatten, war es der tschechische Präsident Petr Pavel, der im Februar 2024 auf dem internationalen Markt 800 000 Stück Artilleriemunition auftrieb. Es bleibt die ratlose Frage, mit welcher Ernsthaftigkeit und Konsequenz die übrigen europäischen Staats- und Regierungschefs ihre eigenen Versprechen betreiben. Die zweite Entscheidung betrifft das Vorent-halten strategischer Fähigkeiten. Hier sind es vor allem das lange Zurückhalten der amerikanischen F-16 an die Ukraine und die Nicht-Lieferung von Langstreckenraketen oder -marschflugkörpern.

Die fehlende Versorgung der Ukraine mit Munition so-wie die unvermeidbaren militärischen Konsequenzen aus diesem Verhalten führen zu einer grundlegenden Frage-stellung im Hinblick auf die westliche Politik. Es ist die Frage nach dem strategischen Ziel, das der Westen mit seiner Unterstützung der Ukraine gegen den russischen Angriffskrieg verfolgt. Es ist bezeichnend, dass es eine einheitliche, offiziell beschlossene und transparente Defini-tion dieses Zieles weder in den Institutionen der NATO und der Europäischen Union noch bei den meisten Mit-gliedstaaten gibt. Der Bundeskanzler hat seit Langem seine strategische Zielsetzung in eine Formel gegossen. Danach besteht das Ziel der deutschen Unterstützung für die Ukraine darin, dass die Ukraine diesen Krieg nicht verliert und dass Russland ihn nicht gewinnt. Ein Patt zwischen beiden ist also sein Ziel. Man könnte sagen, die militärische Entsprechung zu dem Ziel eines Patts ist der gegenwärtige Stellungskrieg in der Ukraine. Scholz sagt gleichzeitig, dass die deutsche Unterstützung »so lange wie nötig« anhalten werde. Er beschreibt damit einen Zeitraum, aber nicht die Qualität der Unterstützung. Dabei ist es aber gerade so, dass die Zeit gegen die Ukraine läuft und sie darum schnel-le und substanzielle Hilfe braucht. Die Hilfe muss also nicht nur so lange wie nötig, sondern vor allem so viel und so schnell wie möglich gewährt werden.

Verteidigungsminister Pistorius definiert sein Ziel anders als der Bundeskanzler. Er gibt den Sieg der Ukraine als Ziel der deutschen und westlichen Unterstützung aus. Was er genau unter einem »Sieg der Ukraine« versteht, hat Pistorius bislang aber nicht ausgeführt. Welche Formel ist nun richtig, und was ist gegebenenfalls unter einem Sieg der Ukraine zu verstehen? Das Bemerkenswerte an der Formulierung von Bundeskanzler Scholz besteht darin, dass er offensichtlich entweder Russland eine Niederlage im Krieg ersparen möchte oder eine solche nicht für möglich hält. Konsequenterweise muss Scholz auf Verhandlungen setzen, die sich irgendwann aus der Situation des Patts für die beiden Kriegsparteien ergeben.

Damit ist aber auch die entscheidende und eklatante Schwäche der Scholz'schen Formel enttarnt. Denn sie geht von einer falschen Prämisse aus, nämlich der, dass für Putin Verhandlungen eine Option sein könnten. Putin ist nicht verhandlungsbereit, sondern kriegsentschlossen. Auch wenn es für westliches Denken schwer nachvollziehbar ist, sieht sich Putin als Vollstrecker einer historischen Mission und als Wahrer seiner eigenen Macht und seines kleptokratischen, mafiösen Machtsystems. Beides kann auf die Kontrolle der Ukraine oder, wenn diese nicht möglich ist, auf ihre Vernichtung als Staat nicht verzichten. Für Putin gibt es auf diesem Weg kein Zurück mehr. Für ihn geht es auch persönlich um alles oder nichts. Ein Patt bedeutet zudem eine Verlängerung des Krieges und macht den Faktor Zeit entscheidend.

Dieser Faktor spielt aber ganz eindeutig zugunsten Putins. Der Krieg ist asymmetrisch, er findet fast ausschließlich auf ukrainischem Territorium statt. Die Bevölkerung Russlands ist knapp viermal so groß wie die der

Ukraine. Putin hat die russische Wirtschaft auf Kriegswirtschaft umgestellt und kann dies für einige Jahre durchhalten. Die Scholz'sche Formel ist darum als europäische Sicherheits- und Friedensformel schlicht untauglich. Folgt aus dieser Feststellung bereits, dass die Formel vom Sieg der Ukraine richtig ist? Diese Frage kann nur dann bejaht werden, wenn man präzise formuliert, was unter Sieg der Ukraine zu verstehen ist. Dieser Sieg kann und wird nicht darin bestehen, dass die Ukraine Russland militärisch besiegt. Es ist ja nicht einmal die Intention der Ukraine. Unverzichtbar aber ist, dass es der Ukraine gelingt, den Krieg, der sich gegen sie richtet, zu besiegen. Der Krieg muss scheitern. Die Ukraine muss dafür nicht jeden Quadratkilometer des besetzten Territoriums militärisch zurückerobern, aber sie muss militärisch die Oberhand gewinnen. Es muss eine militärische Lage erreicht werden, in der nachhaltig und eindeutig klar ist, dass Russland keine Möglichkeit hat, mit dem Mittel des Krieges in der Ukraine noch etwas zu erreichen. Russland muss auf ukrainischem Territorium in der Defensive sein – und zwar dauerhaft und unumkehrbar. Nur dann besteht die Chance auf politische Lösungen. Putin hat es im März des Jahres 2024 so formuliert: Warum solle er verhandeln, wenn der Ukraine die Munition ausgehe und er militärische Erfolge erzielen könne?

Um das Ziel zu erreichen, Russland in der Ukraine in die Defensive zu bringen, kommt es auf eine entscheidende Fähigkeit an, nämlich auf Ausdauerfähigkeit. Die Ukraine muss durch den Westen nicht nur so lange, sondern auch in dem Umfang ausgerüstet und ausgestattet werden, dass die russischen Angreifer zurückgedrängt werden können.

Dass die westlichen Staaten über die finanziellen und industriellen Möglichkeiten dazu verfügen, unterliegt keinem Zweifel. Es geht allein um den politischen Willen. Dieser politische Wille wiederum hängt davon ab, dass verstanden wird, worum es nicht nur für die Ukraine, sondern auch für alle anderen europäischen Staaten geht. Es ist das identische Ziel, wofür die Ukrainer kämpfen. Es geht um das Höchste in der Politik, es geht darum, den Krieg zu besiegen, ihn wieder aus Europa zu vertreiben, die physische und äußere Sicherheit der Menschen in Europa wiederherzustellen und dadurch die Voraussetzungen für das zu schaffen, was das Wichtigste in der Politik der Demokratien ist: Frieden in Freiheit zu verwirklichen. Wenn der Krieg nicht besiegt wird, dann wird er in Europa bleiben, weil er sich als erfolgreich herausgestellt hat. Krieg, der sich gelohnt hat, macht Schule. Krieg wird sich dann in Europa ausdehnen, und er wird allmählich auch uns in den Mitgliedstaaten der Europäischen Union immer näher kommen. Wenn der Westen zulässt, dass Krieg in Europa Erfolg hat, dann werden wir bei uns und in der ganzen Welt mehr Krieg sehen. Das strategische Ziel, das der Westen mit dem Krieg Russlands gegen die Ukraine verbindet, ist darum ganz einfach und eindeutig: Sieg über den Krieg als Voraussetzung für Sicherheit und Frieden.

## Nach dem Krieg

Wenn der Krieg scheitert, öffnen sich politische Wege und Möglichkeiten. Der Krieg, den Putin vom Zaun gebrochen hat, wird höchstwahrscheinlich keine militärische Lösung, sondern eine politische Lösung finden. Aber die Möglichkeit politischer Lösungen hat eine militärische Voraussetzung. Nur aus der Position der Stärke der Ukraine heraus wird es das geben können, was unverzichtbar ist, nämlich nachhaltige Sicherheit, die der Ukraine Selbstbestimmung und Freiheit und allen in Europa verlässliche Sicherheit bietet. Aber auf die Einsicht Putins zu setzen wäre naiv. Nur ein militärischer Erfolg im beschriebenen Sinne würde wieder politische Möglichkeiten eröffnen. Weil nur das das Ziel der deutschen, europäischen und westlichen Politik sein kann, folgt daraus, dass der Westen auch eine Vorstellung davon haben muss, wie der sich öffnende Raum politischer Möglichkeiten genutzt werden soll.

Es geht also um die Vorstellung des Westens von Sicherheit und Frieden in Europa nach Beendigung des gegenwärtigen Krieges. Sicherheit und Frieden sind dabei zu unterscheiden. Sicherheit wird es für eine lange Zeit in Europa nicht mit, sondern nur vor und gegen Russland geben. Das ist das Ziel einer europäischen Sicherheitsarchitektur, die nach dem Krieg zu errichten ist. Frieden ist mehr als Sicherheit. Frieden schließt alle Staaten Europas, auch Russland, ein. Diese Vision einer europäischen Friedensordnung darf nie aufgegeben werden. Sie ist nur verwirklicht, wenn Russland eines Tages ein integraler Teil dieser Friedensordnung in Europa sein wird.

Die Notwendigkeit einer europäischen Sicherheitsordnung nach dem Krieg und die Vision einer europäischen
Friedensordnung haben ein gemeinsames Kriterium, aus
dem sie sich ableiten. Dieses besteht in der Fortdauer des
imperialistischen Anspruchs Russlands. Solange Russland
sich nicht als ein Land in Europa sieht, das die Souveränität
und Integrität aller anderen Staaten respektiert, auch die
seiner unmittelbaren Nachbarschaft, bedarf es eines kollektiven Systems, das gegen diesen imperialistischen Anspruch der Nuklearmacht Russland Sicherheit und Schutz
bietet. In dem Augenblick, in dem Russland als Staat diesen
Anspruch aufgibt – wie dies im Laufe der Geschichte und
jeweils für sich selbst auf schmerzliche Weise alle anderen
ehemaligen imperialen europäischen Staaten auch getan
haben –, ist eine europäische Ordnung des Friedens unter
Einschluss Russlands möglich.

Europäische Sicherheit – und um es noch einmal deutlich zu sagen, Sicherheit vor Russland – gibt es nur durch die
NATO. Das gilt für die Ukraine, für die Republik Moldau
sowie für Georgien genauso wie es für Deutschland, Polen,
die baltischen Staaten und alle europäischen Mitgliedstaaten der NATO gegolten hat und gilt. Die NATO-Mitgliedschaft der Ukraine – und auch die Moldaus und Georgiens –
ist ein seit Langem bestehender, belasteter und belastender
Streitgegenstand innerhalb der NATO. Auf dem NATO-
Gipfel in Bukarest im Jahr 2008 waren es vor allen Dingen
die USA, die unter ihrem Präsidenten George W. Bush die
NATO-Mitgliedschaft der Ukraine und Georgiens durchsetzen wollten. Dieses Vorhaben scheiterte am Widerstand
Deutschlands unter Bundeskanzlerin Merkel und Frankreichs unter Staatspräsident Sarkozy.

Es bleibt eine hypothetische Frage der Geschichte, ob der Krieg Russlands gegen die Ukraine hätte verhindert werden können, wenn die NATO den Beitritt der Ukraine beschlossen hätte. Hätte Russland sich in diesem Fall zu einem präventiven Schlag gegen die Ukraine provoziert gesehen, bevor es zum formellen Beitritt des Landes zur NATO gekommen wäre? Oder hätte die Entschlossenheit der NATO, die Ukraine aufzunehmen und ihr Schutz zu gewähren, eben gerade die Abschreckung auf Putin ausgeübt, die bislang auch Krieg in Europa verhindert hatte? Was man sagen kann, ist, dass der Kompromiss des Bukarester NATO-Gipfels das denkbar schlechteste Ergebnis sowohl für die Ukraine als auch für Georgien darstellte. Beiden Staaten wurde unverbindlich der Beitritt zur NATO für die Zukunft in Aussicht gestellt, ohne dass irgendetwas beschlossen wurde, um dieses Ziel zu erreichen. Putin war also gewarnt, was die NATO-Mitgliedschaft dieser beiden Staaten anbelangt, ohne dass diese Staaten irgendetwas zum Schutz gegen Russland in die Hand bekommen hatten. Das Ergebnis dieses faulen Kompromisses ließ nicht lange auf sich warten. Bereits im August des Jahres 2008 intervenierten Putins Truppen in Georgien, um in den Regionen Südossetien und Abchasien separatistische Kräfte zu unterstützen.

Der Beitritt der Ukraine zur NATO kehrte auf dem NATO-Gipfel im litauischen Vilnius im Juli 2023 als Streitthema zurück. Bemerkenswerterweise hatten sich allerdings die Fronten unter den Beteiligten teilweise verschoben. Auf diesem Gipfel unterstützte Frankreichs Staatspräsident Macron den Beitritt des Landes zur NATO. Für die entschiedene Ablehnung eines Beitritts der Ukraine zur

NATO hatte Deutschland dieses Mal die USA an seiner Seite. Gegen den Widerstand dieser beiden Länder ließ sich der NATO-Beitritt der Ukraine, selbst für einen Zeitraum nach Beendigung der Kriegshandlungen, nicht durchsetzen. Die Ablehnung des NATO-Beitritts durch Biden und Scholz dürfte untrügliche Hinweise darauf offenbaren, dass sich beide Politiker im Rahmen einer politischen Verständigung mit Russland zur Beendigung des Krieges vorstellen können, die Ukraine möglicherweise dauerhaft nicht in die NATO aufzunehmen. Jedenfalls wollten beide Politiker eine Vorfestlegung darauf vermeiden, dass die Ukraine der NATO beitreten kann. Das ist hochproblematisch, denn der amerikanische Präsident und der deutsche Bundeskanzler nehmen damit zumindest als Möglichkeit eine dauerhafte sicherheitspolitische Grauzone in der Mitte Europas hin. Eine solche würde entstehen, weil die Sicherheitsgewähr, die eine Mitgliedschaft in der NATO für die Ukraine bietet, durch keine andere Vereinbarung oder Maßnahme ersetzt werden kann. Die Ukraine hat dies bitter erfahren müssen. Wie bereits erwähnt, verzichtete sie 1994 auf Atomwaffen. Im Gegenzug dafür erhielt sie eine »Sicherheitsgarantie« unter anderem von Russland und von den USA. Über die Bedeutung dieser Sicherheitszusagen hat die Geschichte ihr Urteil gesprochen.

Gleichwohl bleibt zu fragen, ob es Russland zumutbar ist, wenn mit der Ukraine ein weiteres europäisches Land, das flächenmäßig der größte NATO-Staat in Europa wäre, unmittelbar an Russland angrenzte. Wäre das nicht ein Heranrücken der NATO an Russland, das Russland als bedrohlich wahrnehmen müsste? Die Antwort auf diese Frage lautet: Es ist Russland zumutbar, weil von der NATO

als reinem Verteidigungsbündnis keine Bedrohung ausgeht. Die drei baltischen Staaten, Polen, Norwegen und
nun auch Finnland grenzen ebenfalls unmittelbar an das
Territorium Russlands an. Gleichwohl fühlt sich Russland
und muss sich Russland von diesen Staaten nicht bedroht
fühlen. Es ist vielmehr ganz im Gegenteil so, dass die klei-
nen baltischen Staaten Unsicherheit gegenüber Russland
empfinden. Auch dass Polen gegenüber der Region Kaliningrad unmittelbar an russisches Staatsterritorium angrenzt,
führt nicht zu einer Bedrohung Russlands durch Polen,
und diese wird auch in Russland nicht wahrgenommen.
Die NATO ist rein defensiv. Nebenbei bemerkt ist es Russland, das in Kaliningrad atomwaffenfähige Raketensys-
teme mit einer Reichweite bis nach Berlin und mutmaßlich
auch Atomwaffen stationiert hat.

Die ost- und mitteleuropäischen Staaten hatten den starken Drang, sich der NATO anzuschließen, um dadurch
Schutz vor Russland zu suchen. In diesem Sinne hat es auch
nie eine Ost-Erweiterung der NATO gegeben, sondern
vielmehr die Westintegration der mittel- und osteuropäischen Staaten in die NATO. Die NATO-Mitgliedschaft der
Ukraine ist erneut eine politische Grundsatzfrage, bei der
es entscheidend ist, nicht dem russischen Bedrohungs-
narrativ aufzusitzen. Stattdessen soll und darf der Westen
zu seinen Grundwerten stehen. Zu diesen zählt das Recht
jedes Staates, sich nach freier Wahl einem Verteidigungsbündnis anzuschließen, und die NATO war, ist und bleibt
ein reines Verteidigungsbündnis.

Über die engere europäische Sicherheitsarchitektur hinaus stellt die Erweiterung der EU um ihre östlichen und
südöstlichen Nachbarstaaten eine entscheidende Zukunfts-

frage für die Stabilität, den Wohlstand und die Sicherheit aller Staaten in Europa und für die Europäische Union dar. Die Rede ist hier von der Republik Moldau, die seit dem Jahr 2022 offizieller Beitrittskandidat der EU ist, sowie der Ukraine, die diesen Status im Jahr 2023 erhielt. Georgien wurde ebenfalls im Jahr 2023 Bewerberland für die Mitgliedschaft in der EU. In diesen Zusammenhang gehören selbstverständlich auch die fünf Westbalkanstaaten, die zum Teil seit nahezu zwanzig Jahren Beitrittskandidaten sind: Nordmazedonien, Beitrittskandidat seit 2005, Montenegro (2010), Serbien (2012), Albanien (2014), Bosnien-Herzegowina (2022).

Der Krieg Russlands gegen die Ukraine hat die Frage der politischen Ordnung des Kontinents mit neuer Dringlichkeit gestellt. Die Bevölkerungen der genannten Staaten sehen sich als Teil Europas und sehnen sich danach, ein Teil der Europäischen Union zu werden. Für jede der politisch sehr unterschiedlichen Regierungen dieser heterogenen Gruppe von Staaten ist die Mitgliedschaft in der EU entweder das absolut wichtigste Ziel oder ein sehr wichtiges Ziel ihrer Politik. Wie die zum Teil sehr langen Zeiträume der bereits laufenden Beitrittsverhandlungen zeigen, sind die zu überwindenden Hürden und die zu erfüllenden Bedingungen für eine Mitgliedschaft in der Europäischen Union sehr hoch. Die die Mitgliedschaft beantragenden Staaten müssen beitrittsreif sein.

Die EU hat für sich noch nicht geklärt, ob sie ihrerseits aufnahmefähig für weitere Mitglieder ist und welche eigenen Reformnotwendigkeiten mit der Erweiterung der EU über den Kreis von 27 Mitgliedstaaten hinaus bestehen und wenn ja, ob und wie man in der Lage ist, ihnen Rechnung zu tragen. Mit dem Krieg Russlands gegen die Ukraine und dem Beitrittskandidatenstatus der Ukraine hat indessen die gesamte Frage der EU-Erweiterung eine neue geopolitische Dimension angenommen. Der Europäischen Union und ihren Mitgliedstaaten bleibt nach dem Ende des Krieges nicht sehr viel Zeit, um eine politische Idee und eine gestaltende Antwort für die politische Ordnung Europas zu präsentieren. Sie kann es sich um ihrer eigenen Stabilität und der Stabilität ganz Europas willen nicht leisten, die Frage der EU-Mitgliedschaft der Ukraine nach einem jahrelangen Krieg in eine ähnliche Endlosschleife von Verhandlungen zu verbannen, wie dies bei einigen der Westbalkanstaaten gewesen ist. Die politischen Enttäuschungen, Frustrationen und das Vakuum, die ein solches Verhalten nach sich zöge, würden eine Instabilität in Europa produzieren, die in die Europäische Union hineinwandern und ihre Legitimation im Kern erschüttern würde.

Die Erweiterung der EU in einem überschaubaren Zeitraum nach dem Ende des Krieges ist also eine geopolitische Notwendigkeit auch für die Europäische Union selbst. Damit sind aber die sachlichen Anforderungen, die an die Beitrittsfähigkeit zu stellen sind, keinesfalls gleichzeitig erfüllt. Auch die Frage der Aufnahmefähigkeit der EU ihrerseits und die nach notwendigen Reformen ihrer Governance sind noch nicht beantwortet. Fest steht, dass die EU und ihre Mitgliedstaaten sich bereits heute auf ein Trilemma, das nach dem Krieg entstehen wird, einstellen müssen. Dieses Trilemma besteht aus der geopolitischen Notwendigkeit der Aufnahme der Ukraine und der anderen Beitrittskandidaten, dem Problem der Beitrittsfähigkeit der Kandidatenländer sowie aus der ungeklärten Aufnahmefähigkeit der EU. Wie sie mit diesem Zielkonflikt umgeht, ist noch völlig ungeklärt. Fest steht nur, dass die Europäische Union nach dem Ende des Krieges in keinem Falle mehr das sein wird, was sie gegenwärtig ist. Denn entweder entwickelt sich die Europäische Union fort, um ein zukunftsfähiger Gestalter unserer eigenen Sicherheit und unseres Wohlstandes zu sein, oder sie scheitert an dieser Aufgabe mit allen Konsequenzen.

## 2.

# DIE FALLE DER HAMAS UND DIE VERZWEIFELTE SUCHE NACH EINEM AUSWEG

## Vor dem Krieg

»Bei uns findet eine Zeitenwende statt«, sagte der Botschafter eines Landes aus dem Nahen Osten im Sommer des Jahres 2023 zu mir. Genau diesen Anschein erweckte die Entwicklung in der Region seit einigen Jahren, und sie schien sogar weitere Dynamik zu entfalten. Es sah alles danach aus, dass erstmalig eine historische Annäherung zwischen Israel und der arabischen Führungsmacht Saudi-Arabien in greifbare Nähe gerückt war. Der Prozess hatte in der zweiten Hälfte des Jahres 2020 mit der Abrahams Accords Declaration begonnen. Signatarstaaten der Erklärung waren Israel sowie die Vereinigten Arabischen Emirate, Bahrain, Marokko und Sudan. Die Deklaration trug auch die Unterschrift des amerikanischen Präsidenten Donald Trump. Die Formulierungen der Abrahams Accords Declaration sind vage und unverbindlich, aber ohne jeden Zweifel stellten sie einen Schritt von historischer Bedeutung dar. Weder die Vereinigten Arabischen Emirate noch Bahrain hatten bis zu dieser Erklärung Israel als Staat anerkannt. Dass eine Erklärung über Kooperation und die friedliche Koexistenz nun die Unterschriften der Außenminister der Emirate, Bahrains und Israels und dann auch noch des amerikanischen Präsidenten trug, war eine Sensation. Eine Sensation, die nach langem Stillstand Grund zu der Hoffnung gab, dass »friedliche Koexistenz« das Leitmotiv einer sich entwickelnden politischen Ordnung der gesamten Region des Nahen Ostens werden könne.

Eine weitere bemerkenswerte Entwicklung für die Region stellte sich im Jahr 2023 mit der Annäherung der regionalen Erzrivalen Saudi-Arabien und Iran ein. Nach jahrzehntelanger Eiszeit folgte den abwechselnden Besuchen der jeweiligen Außenminister die Wiedereröffnung von Botschaften in beiden Ländern. Die Rolle des formellen Vermittlers der Annäherung wurde von Saudi-Arabien und Iran China zugedacht. Das war eine schmerzhafte Spitze gegen die USA und ihre traditionelle Vormachtstellung im Nahen und Mittleren Osten. Allerdings wäre es sowohl für die USA als auch für Iran unmöglich gewesen, in irgendeiner Form zusammenzuwirken. Aus Sicht des saudischen Machthabers, Kronprinz Mohammed bin Salman, darf es auch als Teil der Revanche gegen Präsident Biden angesehen werden, der den Kronprinzen für die Ermordung des saudischen oppositionellen Journalisten Jamal Khashoggi in dem Gebäude des saudischen Konsulats in Istanbul im Jahre 2018 kritisiert hatte. Noch tiefer liegender dürfte sich in dieser Annäherung eine Reaktion auf den in der Präsidentschaft von Präsident Barack Obama deklarierten »Pivot to Asia« in der amerikanischen Außenpolitik widerspiegeln.

Diese Hinwendung nach Asien wurde als eine Neuorientierung der amerikanischen Außenpolitik verstanden, die ihre traditionelle Fokussierung auf Europa und den Nahen und Mittleren Osten als nicht mehr zeitgemäß ansah. In diesen Regionen wurde die Hinwendung nach Asien mit der Sorge einer Abwendung von Europa und dem Nahen und Mittleren Osten assoziiert. Insbesondere die Präsidentschaft von Barack Obama wurde in der Region als ein neuer Bruch mit der traditionellen Rolle der USA im Nahen und Mittleren Osten wahrgenommen. Dies fiel auch darum so ins Gewicht, weil die USA durch den »war on terror«, ausgerufen durch den damaligen Präsidenten George W. Bush, der in einem völkerrechtswidrigen Krieg gegen den Irak kulminierte, die regionalen Verhältnisse im Nahen und Mittleren Osten völlig durcheinandergebracht und in der Folge Iran gestärkt hatten. Es folgte ein Rückzug auf Raten, der das Vertrauen der Verbündeten in der Region massiv erschütterte. Am schwersten wiegt bis heute die Entscheidung, nicht in Syrien einzugreifen, obwohl Machthaber Bashar al-Assad die von Obama gezogene rote Linie überschritten und Chemiewaffen gegen die syrischen Aufständischen eingesetzt hatte. Auch als in Libyen das Chaos ausbrach, griffen die USA nicht ein.

In einer umfangreichen Analyse in der Zeitschrift »The Atlantic« im Jahr 2016 mit dem Titel »The Obama Doctrine« fasste der amerikanische Journalist Jeffrey Goldberg die Schlussfolgerungen, die Obama für die Rolle der USA im Nahen und Mittleren Osten sah, so zusammen: »The first (conclusion) is that the Middle East is no longer terribly important to American interests. The second is that even if the Middle East were surpassingly important, there would still be little an American president could do to make it a better place. The third is that innate American desire to fix the sorts of problems that manifest themselves most drastically in the Middle East inevitably leads to warfare, to the deaths of U. S. soldiers, and to the eventual hemorrhaging of U. S. credibility and power. The fourth is that the world cannot afford to see the diminishment of U. S. power.« Will man dieser Obama zugeschriebenen Einschätzung widersprechen?

Gleichwohl hatte diese Politik immense Kosten. Das Vakuum, welches durch den Rückzug der USA aus dem Nahen und Mittleren Osten entstand, wurde von anderen, insbesondere von Putin, gefüllt.

Auch wenn die amerikanische Politik im Nahen und Mittleren Osten teilweise ein Streitpunkt zwischen dem damaligen US-Präsidenten und seinem Vizepräsidenten und heutigen US-Präsidenten gewesen ist, trifft es auch für Joe Biden zu, dass die USA am 7. Oktober 2023 nicht nur entgegen ihrer Erwartung, sondern konträr zu ihrem Willen und ihrem Interesse erneut durch einen kriegerischen Konflikt in die Region zurückgezwungen worden sind. Wahrscheinlich liegt die Analyse der Hamas und Irans, welche Gefahren mit dieser Rückkehr für die USA verbunden sind, nicht sehr weit von der Einschätzung entfernt, wie sie Jeffrey Goldberg mit Blick auf Obama analysiert hatte.

Zwischen der Unterzeichnung der Abrahams Accords Declaration und der saudisch-iranischen Annäherung lag ein anderes Ereignis, das revolutionäre Energien freigesetzt hat. Die Rede ist von Jina Mahsa Amini, einer jungen Iranerin im Alter von Anfang 20 aus der Provinz Kurdistan, und ihrer Ermordung am 16. September 2022. Sie wurde von der sogenannten iranischen Sittenpolizei festgenommen, weil sie angeblich ihren Hidschab nicht gesetzeskonform getragen hatte. Die Misshandlungen, die sie während ihrer Festnahme erlitt, führten zu ihrem Tod. Die Ermordung von Jina Mahsa Amini hat in Iran zu den stärksten, gesellschaftlich breitesten und am längsten anhaltenden Protesten in der gesamten Zeit des Mullah-Regimes seit 1979 geführt. Dieser Mord in der Verantwortung des Regimes war der Auslöser einer revolutionären Bewegung innerhalb des Volkes. In der Sache hatten die Mullahs das Volk schon lange verloren. Aber die Ermordung Jina Mahsa Aminis war der Tropfen, der das Fass zum Überlaufen brachte. Jede und jeder gleich welchen Alters konnte sich mit der jungen Frau und ihren Angehörigen identifizieren – als Mutter, Schwester, Vater, Großvater, Tante oder Onkel. In jeder Familie gab es eine junge Frau, die potenziell das gleiche Schicksal wie Jina Mahsa Amini erleiden und zum Opfer der brutalen Willkür der sogenannten Sittenwächter werden könnte.

Diese allgemeine Betroffenheit löste eine enorme Solidarität aus und ließ sehr viele Menschen aus allen Schichten der Bevölkerung ihre Angst überwinden. Durch öffentliche Proteste teilten sie dem Regime mit, dass sie statt Terror endlich Freiheit wollten. Auch mehr als zwei Jahre später hat sich an diesem Befund nichts geändert, wenngleich die fortgesetzte Brutalität des Regimes im Laufe der Zeit dazu geführt hat, dass die öffentlichen Proteste unterdrückt werden konnten. Aber eine innere Festigung des Regimes hat nicht stattgefunden. Hinzu kommt, dass das Regime selbst von erheblichen inneren Machtkämpfen geprägt ist, die nicht zuletzt aus dem hohen Alter und der Gebrechlichkeit des obersten Führers des Regimes, Ayatollah Ali Chamenei, resultieren.

Die Chance dieses revolutionären Prozesses für die Menschen im Land, der Region und darüber hinaus wurde von der deutschen Außenpolitik nicht erkannt. Unter der Leitung der ersten Außenministerin Deutschlands, die für sich selbst eine feministische Außenpolitik in Anspruch nimmt, reagierte Deutschland verspätet und halbherzig. Dabei hatte die Außenministerin den Menschen in Iran ihre Solidarität zugesichert. Wo, wenn nicht in Iran, und wann, wenn nicht in der Situation, dass Frauen todesmutig eine revolutionäre Bewegung anführen, hätte es einen klareren Anwendungsfall für feministische Außenpolitik geben können? Hier zeigt sich erneut, dass der Anspruch einer wertegeleiteten oder feministischen Außenpolitik mehr an die Wählerinnen und Wähler zu Hause adressiert ist, als dass er zu konkreten Konsequenzen oder einer bestimmten Politik führt.

Außenpolitik ist immer ein Abwägungsprozess. Schlechte Außenpolitik zeichnet sich durch eine mangelnde oder fehlerhafte Abwägung aus. So entschied sich die deutsche Außenpolitik für etwas, was sich inzwischen nahezu als Verhaltensmuster etabliert hat, nämlich dafür, das zu tun, was man schon immer gemacht hat. Seit fünfzehn bis zwanzig Jahren besteht deutsche und europäische Iranpolitik darin, ein Nuklearabkommen mit der Islamischen Republik Iran zu erreichen, um die Atomwaffenfähigkeit des Regimes zu verhindern. Dieses Ziel zu verfolgen ist selbstverständlich richtig. Der Fehler liegt in der Absolutheit, der Ausblendung von sich änderndem Kontext und in der Folge fehlender Abwägung. Der entscheidende Faktor nämlich ist, ob man davon ausgehen kann, dass Verhandlungen von den Mullahs gewollt sind. Ich komme in dieser

Frage zu einer dezidiert anderen Einschätzung als die Außenministerin.

Nach der einseitigen Aufkündigung des Abkommens durch Präsident Trump hat sich das Regime zwar noch kurze Zeit an die Vereinbarungen gehalten, arbeitet nun aber schon seit Jahren intensiv an einer Atomwaffe. Der Punkt, an dem glaubwürdig mit der Waffe gedroht werden kann, ist fast erreicht. Meines Erachtens spielt das Regime daher nur noch auf Zeit und hat an ernsthaften Verhandlungen kein Interesse. Für diese Einschätzung spricht, dass die umfassenden Vorschläge der EU im Sommer 2022 zu einer Wiederbelebung des Abkommens brüsk abgelehnt wurden. Bezieht man dies in die eigene Abwägung mit ein, dann kommt man zu dem Schluss, dass unsere beste Hoffnung auf einen friedlichen Iran im Erfolg der revolutionären Bewegung dort besteht.

Das heißt selbstverständlich nicht, dass Deutschland sich in irgendeiner Form an einem *regime change* in Iran beteiligen sollte oder könnte. Das ist Sache des iranischen Volkes, und das wissen und wollen die Iranerinnen und Iraner auch. Aber es heißt, dass die deutsche und europäische Außenpolitik alles unterlassen muss, was das Mullah-Regime innenpolitisch zu seiner Legitimierung ausnutzen kann. Letzteres war der Fall, wenn sich allen voran der Außenbeauftragte der EU Borrell freudig händeschüttelnd mit dem iranischen Außenminister zeigte und stolz über die intensiven Gespräche berichtete.

Dass man im außenpolitischen Abwägungsprozess zu unterschiedlichen Ergebnissen kommen kann, ist nicht weiter überraschend. Meine Kritik an der deutschen Außenpolitik in der Iran-Frage ist darum auch nicht nur, dass ich sie inhaltlich für inflexibel und unkreativ halte, sondern dass nicht transparent und nicht ehrlich kommuniziert wird. Außenministerin Baerbock nimmt für sich feministische Außenpolitik und Solidarität mit den Menschen in Iran in Anspruch, aber in ihren politischen Entscheidungen wird beides nicht sichtbar. Stattdessen geht es darum, gesprächsfähig mit dem Regime in Teheran zu bleiben. Das ist der Grund, warum bis heute die Terrorlistung der Islamischen Revolutionsgarden, die das außenpolitische Terrorinstrument des Mullah-Regimes bilden, in der EU nicht stattgefunden hat. Obwohl die Außenministerin erklärt, dass sie diese politisch für wünschenswert erachte, werden seit Beginn der Proteste juristische Ausreden angeführt, warum ebendies angeblich nicht gehe. Alle öffentlich vorgetragenen juristischen Bedenken sind klar widerlegt. Das Problem ist nicht rechtlicher Natur. Die Terrorlistung ist nicht gewollt, weil sie nicht ins politische Konzept passt. Aber man traut sich nicht, es zu sagen.

Diese Politik und die Diskrepanz zwischen Reden und Handeln haben innenpolitische Auswirkungen. Sie beschädigen die Glaubwürdigkeit der Ministerin und der deutschen Außenpolitik. Viele der fast 300 000 Iranerinnen und Iraner oder iranischstämmigen Deutschen im Land sind selbst vor der Gewalt des Regimes geflohen und haben nach wie vor Familienangehörige in Iran. Während der Proteste verfolgten sie die Ergebnisse über die sozialen Medien aufs Engste, organisierten Großdemonstrationen und vernetzten sich auf eine Art und Weise, wie ich es bisher noch nicht erlebt habe. Natürlich traten dabei auch unterschiedliche politische Präferenzen für die Ausrichtung eines freien Iran zutage. Das ist völlig normal. Geeint waren sie in der Hoffnung auf einen freien Iran und der Bereitschaft, dafür politisch in ihren neuen Heimatländern zu kämpfen. Dass auch das nicht ungefährlich ist, zeigen Warnungen des deutschen Verfassungsschutzes, der eindeutig vor einer Beobachtung und Verfolgung durch die iranischen Geheimdienste auch in Deutschland warnt. Diese Menschen, die vor dem Regime geflohen sind und dieses genau verstehen, begreifen die deutsche Politik nicht, die auf scheinbare, trügerische Stabilität setzt und vor dem warnt, was nach den Mullahs kommen könnte. Kann es schlimmer werden?, fragen sie zu Recht. Die iranische Diaspora fühlt sich von der Bundesregierung im Stich gelassen. Fehler im Umgang mit der Islamischen Republik Iran haben natürlich nicht erst mit dieser Regierung begonnen. Gleichzeitig lässt sich nicht abstreiten, dass sich mit der Ermordung von Jina Mahsa Amini in der Breite und Intensität der Proteste etwas verändert hat. Es wäre die Gelegenheit und meines Erachtens Notwendigkeit für eine Zeitenwende in der deutschen Iranpolitik gewesen.

Von der vielfältigen Dynamik, die seit dem Jahr 2020 den Nahen und Mittleren Osten ergriffen hatte, blieb nur eine Gruppe und ein Grundkonflikt dieser Region ausgegrenzt: die Palästinenser, ihre Zukunft und die Frage der friedlichen Koexistenz zwischen Palästinensern und Israelis. Man wird sogar von einem stillschweigenden Konsens der unterschiedlichen und zum Teil gegnerischen Akteure in der Region sprechen können, alle möglichen Entwicklungen voranzutreiben und dabei eine »Störung« durch die Palästinenserfrage zu vermeiden. Selbstverständlich hielten die arabischen Staaten stets die Fahne der Palästinenser hoch, nur folgen sollte daraus nichts. Ein ähnliches Bild zeigt sich im Übrigen auch mit Blick auf andere muslimische Minderheiten, die zum Teil schlimmster Verfolgung und ethnischer Säuberung ausgesetzt sind, wie die Rohingya in Myanmar oder die Uiguren in China. Deren Schicksal wurde in der Organisation für Islamische Zusammenarbeit (OIC) zwar immer mal wieder thematisiert, aber Konsequenzen ergaben sich daraus für Myanmar und China nicht.

In Israel war die damalige Regierung, die Ministerpräsident Netanjahu vom Likud nur durch eine Koalition mit extremen politischen Parteien hatte bilden können, und wohl auch eine Mehrheit in der Bevölkerung der Auffassung, den einen Teil des »Palästinenserproblems« im Gazastreifen sicher eingeschlossen zu haben. Die Palästinenser im Westjordanland waren geschwächt durch eine unfähige und korrupte Palästinensische Autonomiebehörde unter dem altersgeschwächten Präsidenten Abbas, dessen letzte Wahl als Präsident aus dem Jahr 2005 datiert. Die damalige israelische Regierung erlaubte systematisch immer neue völkerrechtswidrige Siedlungen von israelischen Bürgerinnen und Bürgern in der Westbank. Dadurch wurden die Palästinenser in der Westbank immer stärker unter Druck gesetzt, auch durch Gewalt. Die Palästinenser der Westbank sollten buchstäblich an den Rand gedrängt werden. Aber an all das hatte man sich gewöhnt.

Die positiven regionalpolitischen Entwicklungen sollten nicht beeinträchtigt werden und würden ihrerseits, wenn sie weiter erfolgreich verliefen, die Palästinenser und die sogenannte Palästinenserfrage endgültig marginalisieren. Auch international waren die Palästinenser und die unbeantwortete Palästinenserfrage an den Rand der Wahrnehmung gerückt. Es schien so viel Ruhe im Nahen und Mittleren Osten zu sein wie lange nicht mehr, und die Aussicht auf eine Entwicklung der friedlichen Koexistenz unter Ausklammerung der Palästinenser war stark. Ein trügerischer Schluss, einem kurzen politischen Gedächtnis und verführerischem Wunschdenken geschuldet.

Denn wer sich zurückerinnert, wird feststellen, dass die letzte massive Auseinandersetzung im Israel-Gaza-Konflikt nur wenige Jahre zurückliegt. Zwischen dem 10. und dem 17. Mai 2021 gingen 3150 Raketen aus Gaza auf Israel nieder. Es war wieder einmal nur dem israelischen Abfangsystem Iron Dome zu verdanken, dass diese Raketen zu neunzig Prozent nicht einschlugen. Man einigte sich schließlich auf eine Waffenruhe, die von Ägypten überwacht werden sollte. Schon damals war klar, dass es nur eine Frage der Zeit sein würde, bis es zu abermaliger Gewalt käme, wenn man sich auf diesem Ergebnis ausruhte. Schon 2021 warnte Zentralratspräsident Schuster, dass die Lage fragil bleibe. Gegenüber der »Augsburger Allgemeinen« sagte ich damals, dass die wichtigste Frage nun sei, wie es weitergehe: »Die jüngste Eskalation hat vor allem eines gezeigt: Wenn alle wieder zurückfallen, den Grundkonflikt zu verdrängen und nicht anzugehen, dann wird die Gewalt wieder zurückkommen, und der Hass wird jedes Mal größer werden.« Ich sah vor allem Europa gefragt, da es um unsere Nachbarschaft gehe und wir den Folgen dieses Konfliktes nicht aus dem Weg gehen könnten. Meiner Meinung nach hätte Frieden im Nahen Osten auf die Prioritätenliste

Deutschlands und der europäischen Staaten gehört, was ich so auch formulierte. Insbesondere weil die USA ihren Fokus zunehmend auf China und den Indo-Pazifik verlagerten.

Zu dieser Prioritätenverschiebung ist es nicht gekommen. Die Beharrungskräfte, fehlende Kreativität und ein Mangel an Courage führten wieder dazu, einfach so weiterzumachen wie bisher. Diese Mentalität wird auch deshalb für uns Europäer immer gefährlicher, weil sich die USA angesichts der Vielzahl der Konflikte und der großen Herausforderung durch China nicht mehr mit der gleichen Aufmerksamkeit wie früher um alles gleichzeitig kümmern können. In der Folge laufen auch US-Administrationen Gefahr, sich von dem Schein von Stabilität täuschen zu lassen. Es war kein Geringerer als der Nationale Sicherheitsberater des Präsidenten der Vereinigten Staaten Jake Sullivan, der Ende September/Anfang Oktober 2023 in einer Liste erfolgreicher außenpolitischer Entwicklungen bilanzierte: »The Middle East as a region is quieter today than it has been two decades.« Eine Woche später, am 7. Oktober 2023, war es mit der Ruhe vorbei. Sie wird für viele Jahre nicht in den Nahen Osten zurückkehren.

## Der Krieg

Am 7. Oktober 2023 griffen Terroristen der Hamas aus dem Gazastreifen heraus unter Überwindung der enormen von Israel errichteten Grenzanlagen Israel an. Sämtliche Sicherheitsvorkehrungen und Sicherheitsinstitutionen Israels hatten versagt. Es kam zu einem unvorstellbaren Exzess an

Gewalt und Brutalität, die vor niemandem, auch nicht vor Ungeborenen und Säuglingen, haltmachte. Alle Tabus wurden in unvorstellbarer Weise gebrochen, ganze Familien und Siedlungen wurden ausgelöscht.

Die Terroristen der Hamas stellten sicher, dass die Gewalt im Internet verbreitet wurde. Einer der Angriffsorte war ein nahe der Grenze zu Gaza stattfindendes Festival, dessen Besucher – vor allem Jugendliche und zum Teil auch ausländische Gäste – dem Terror und der Gewalt der Hamas zum Opfer fielen. Bei den Angriffen töteten die Terroristen insgesamt etwa 1400 Personen und nahmen mehr als 200 Menschen als Geiseln, die in den Gazastreifen verschleppt wurden. Auch hier wurde auf Säuglinge, Kinder und alte Menschen keine Rücksicht genommen.

Die israelische Regierung, die sehr rasch zu einer um Teile aus der Opposition erweiterten Kriegskoalition wurde, rief den Kriegszustand im Land aus und erklärte als Ziele der israelischen Verteidigung die militärische Zerstörung der Hamas unter Einschluss der Eliminierung ihrer militärischen Führung sowie die Befreiung der Geiseln. Bis heute ist nicht eines dieser Ziele erreicht. Ende Oktober begann die militärische Bodenoffensive in dem dicht besiedelten Gaza-Streifen. Dort benutzten die Terroristen der Hamas palästinensische Zivilisten und zivile Einrichtungen, wie etwa Krankenhäuser, als Schutzschilde gegen die israelische Offensive. Die israelische Armee rückte bei ihrer Offensive vom Norden in den Süden vor. Zehntausende Zivilisten sind Opfer der israelischen Offensive geworden.

Zu einem kriegerischen Flächenbrand in der gesamten Region ist es entgegen der Intention der Hamas bislang nicht gekommen. Zwar findet tagtäglich ein Feueraustausch zwischen der im Süden des Libanon stationierten Hisbollah und der israelischen Armee statt. Beide Seiten sind indessen um Begrenzung dieses Konfliktes bemüht. Nach einiger Zeit begann die Terrororganisation der Huthis vom Jemen aus, mit Raketen Handelsschiffe auf ihrer Passage durch das Rote Meer zu attackieren. Dies veranlasste die USA und Großbritannien nicht nur zum militärischen Schutz von Handelsschiffen, sondern auch zu Angriffen auf Stellungen der Huthis im Jemen. Auch Saudi-Arabien griff aktiv in den Konflikt ein, indem es vom Jemen aus auf Israel abgefeuerte Huthi-Raketen abfing.

Im Februar 2024 beschloss die Europäische Union die Militärmission Aspides. Zu ihrem Auftrag zählt nicht der Angriff auf Huthi-Stellungen im Jemen, sondern er ist auf die Abwehr von Angriffen auf die Schifffahrt im Roten Meer begrenzt. An dem Einsatz war auch eine deutsche Fregatte beteiligt auf der Grundlage eines mit breiter Mehrheit im Deutschen Bundestag beschlossenen Mandats. Unbemerkt von der Öffentlichkeit, drückt sich in diesem Bundestagsbeschluss auf besondere Weise der sicherheitspolitische Paradigmenwechsel aus, der sich in Deutschland vollzogen hat. Etwas weniger als vierzehn Jahre zuvor, am 31. Mai 2010, war der damalige Bundespräsident Horst Köhler als Reaktion auf die teilweise heftige Kritik und Empörung zurückgetreten, die er mit einer kurzen Interviewbemerkung auf sich gezogen hatte. Auf dem Rückflug von Afghanistan hatte er sich in einem Satz allgemeiner zukünftig eventuell notwendiger Bundeswehreinsätze geäußert. Er sprach an, im Notfall sei auch »militärischer Einsatz notwendig ..., um unsere Interessen zu wahren, zum Beispiel freie Handelswege.« Es waren diese wenigen Worte, die auf die laute Empörung einiger Politiker, allen voran Jürgen Trittin, traf und die keine öffentliche Unterstützung fanden und den Rücktritt Horst Köhlers auslösten.

Ich war damals Bundesumweltminister und hatte in dieser Eigenschaft ab und zu Gelegenheit zu Gesprächen mit Horst Köhler. Ich schätze ihn seither nicht nur menschlich außerordentlich, sondern auch politisch für sein empathisches, kompetentes und authentisches Engagement in Fragen der internationalen Gerechtigkeit und Entwicklung. Seinen Rücktritt habe ich damals deshalb nicht nur sehr bedauert, sondern auch für falsch gehalten. Er war seiner Zeit und seinem Land rund eineinhalb Jahrzehnte voraus.

Dass es in der Region des Nahen Ostens entgegen den Intentionen der Hamas nicht zu einem Flächenbrand gekommen ist, beruht auf einer politischen Entscheidung der Islamischen Republik Iran. Das Regime dort ist der entscheidende Unterstützer, Finanzier und Ausrüster der terroristischen Hamas, der Hisbollah und der Huthis. Allerdings hat das iranische Regime keine vollständige Kontrolle über diese Terrororganisationen, sie sind nicht die Marionetten in der Hand der Islamischen Republik Iran, sondern haben eine gewisse Selbständigkeit, was auch zu Spannungen und Konflikten mit Iran führen kann. Dies zeigt sich in der Frage, ob der Gaza-Krieg zu einem kriegerischen Flächenbrand wird, der Iran und die gesamte Region einschließt. Genau das war das Ziel der Hamas, doch Iran lehnte ab. Auch China, das für Iran politisch und wirtschaftlich von großer Bedeutung ist, hat an einem solchen Flächenbrand kein Interesse. China ist Irans wichtigster

Abnehmer von Rohöl, das es zu einem massiven Preis-
nachlass von Iran erhält. Eine regionale Eskalation hätte
dieses Geschäft massiv gestört und den Ölpreis insgesamt
in die Höhe getrieben.

Unabhängig hiervon steht fest, dass ohne die umfassende Unterstützung des iranischen Regimes der Angriff der
Hamas auf Israel am 7. Oktober 2023 unmöglich gewesen
wäre. Die Mullahs haben durch den Krieg der Hamas gegen
Israel viel erreicht. Die arabisch-israelische Annäherung ist
für lange Zeit auf Eis gelegt. Israels Aufmerksamkeit und
Ressourcen sind nach innen, auf den Terror der Hamas und
die Palästinenserfrage, gerichtet. Von außen sieht sich Israel
mit massiver Kritik an seiner Kriegsführung und wegen der
hohen Opferzahlen unter der palästinensischen Zivilbevölkerung im Gazastreifen konfrontiert. Gleichzeitig bleibt die
Hisbollah als Bedrohung Israels von Norden aus intakt.

Im Schatten dieser Entwicklung kann das Regime in
Teheran sowohl sein Atomprogramm weiterentwickeln als
auch die Hinrichtungswelle gegen die Opposition im Land
sowie die allgemeine Repression gegen die Opposition
fortsetzen. Für einen Krieg Irans selbst in der Region fühlt
sich das Regime aber sowohl innen- als auch außenpolitisch zu schwach. Ein Krieg könnte die innere Abkehr des
iranischen Volkes vom Regime abermals zu einem kritischen Punkt der internen Rebellion oder gar zu einer Revolution führen. Dieser Einschätzung widerspricht nicht der
kriegerische Akt, mit dem die Islamische Republik Iran am
13. April 2024 mit Hunderten Drohnen und Raketen Israel
direkt angegriffen hat. Dieser Angriff ist durch nichts zu
rechtfertigen, sondern ist uneingeschränkt zu verurteilen.
Gleichwohl war im Vorfeld klar, dass es zu irgendeiner

Form der militärischen Vergeltung für die Bombardierung eines iranischen Botschaftsgebäudes in Damaskus kommen würde, mit der die israelische Armee gezielt mehrere führende Kader der zu den Islamischen Revolutionsgarden zählenden Quds-Truppen getötet hatte. Es war jedem und selbstverständlich erst recht der israelischen Regierung klar, dass dies das Regime in Teheran unter Handlungsdruck setzte.

Der konkrete Angriff Teherans war weder in Israel noch in Washington eine Überraschung, wurde von dem israelischen Abwehrsystem Iron Dome mit der Unterstützung mehrerer Staaten abgewehrt, führte zur schweren Verletzung einer Person und im Übrigen nur zu geringem Schaden in Israel. Teheran war bemüht zu erklären, dass es keine weiteren Angriffe geben würde. Äußerst bemerkenswert war, dass Israel nicht nur von den USA und anderen westlichen Staaten Unterstützung bei der Abwehr der iranischen Angriffe erhielt, sondern auch von Saudi-Arabien und Jordanien. Für den jordanischen König Abdullah war dies eine schwierige Abwägung. Die Mehrheit der Bewohner seines Landes sind Palästinenser. In der arabischen Welt ist er für die Unterstützung Israels gegen die iranischen Angriffe erwartbar scharf kritisiert worden. Noch wichtiger dürfte für König Abdullah gewesen sein, Israel und auch den USA zu demonstrieren, dass Jordanien für die Sicherheit Israels wichtig ist und darum auf Jordanien in der israelischen Politik im aktuellen Konflikt Rücksicht zu nehmen sei.

Saudi-Arabien wiederum hat mit seiner Unterstützung Israels gegen die Angriffe bewiesen, dass das Land definitiv keine iranische Machtausdehnung in der Region wünscht.

Für die militärische Eskalation hat das Regime in Teheran also einen beachtlichen politischen Preis gezahlt, indem das wichtigste arabische Land sich wieder seiner traditionellen Sicherheitskooperation mit den USA und Israel angenähert hat. Am 19. April 2024 erfolgte der israelische Gegenschlag unter anderem auf eine iranische Militärbasis in Isfahan. Israel hat damit der Führung in Teheran demonstriert, dass sie nicht in der Lage ist, selbst wichtige militärische Einrichtungen tief im eigenen Land gegen israelische Angriffe zu schützen. Das Regime in Teheran sah sich gezwungen, diesen israelischen Angriff gegenüber der Öffentlichkeit zu verschweigen. Nach dem Verlust jeder Autorität beim eigenen Volk sind auch die außenpolitische Kompetenz und Autorität des Mullah-Regimes angeknackst.

Festzuhalten bleibt weiterhin, dass durch die Art und Weise der jeweiligen Ausführung der wechselseitigen Angriffe sowohl Israel als auch die Islamische Republik Iran entschieden haben, gegenwärtig keinen kriegerischen Flächenbrand in der Region zu wollen. Eine direkte Kriegsbeteiligung Irans und dann auch der Hisbollah im Libanon würde für Iran große militärische Risiken bergen. Ein solcher Krieg könnte mit der weitgehenden militärischen Vernichtung der Hisbollah, aber auch mit empfindlichen militärischen Niederlagen Irans enden. Die Verweigerung eines militärischen Flächenbrandes in der Region hat zwar Iran erhebliche Kritik von Seiten der unterschiedlichen Terrorgruppen, vor allem der Hamas, eingetragen. Auch die inneren Spannungen zwischen den einzelnen Fraktionen innerhalb des Regimes sind hierdurch belastet worden. Aber diese Nachteile wiegen weniger schwer als die enormen Risiken einer direkten Kriegsbeteiligung des Landes.

Im Gegensatz zur Islamischen Republik Iran hatte Israel praktisch nicht die Wahl, sich für oder gegen eine militärische Offensive gegen die Hamas im Gazastreifen zu entscheiden. Zu stark ist die kollektive Traumatisierung der israelischen Gesellschaft durch den Angriff der Hamas am 7. Oktober und das Versagen des israelischen Staates gewesen, und zu groß ist die Wiederholungsgefahr durch die Hamas, deren Ziel die Vernichtung Israels und aller dort lebenden Juden ist. Für sehr viele Israelis war der 7. Oktober noch lange Zeit ein nicht zu Ende gehender Tag. Für nicht wenige gilt das bis heute. Planvoll wurde Israel durch die Hamas in eine tragische Falle geführt; es weiß nicht, wie ihr zu entkommen ist. Es war geradezu der Sinn der ungeheuren Brutalität, die die Hamas bei ihrem Angriff anwendete, Israel zu einer militärischen Antwort zu zwingen. Dem diente auch der Kommunikationskrieg, der den militärischen Angriff der Hamas auf Israel begleitete. Die verübte abscheuliche Gewalt gegen Israelis und ihre ausländischen Gäste wurde von der Hamas ins Internet gestellt und damit weltweit zum Schauobjekt gemacht, gerade um Israel keine andere Wahl zu lassen als die militärische Verteidigungsoption. Parallel kommunizierten die in Qatar und damit in Sicherheit sitzenden Anführer der Hamas im Fernsehen, dass sie den Terror des 7. Oktober wiederholen würden, bis Israel vernichtet sei. Aufgrund der jahrzehntelangen Opferposition der Palästinenser sei jegliches Vorgehen gegen Israel gerechtfertigt, hieß es dort.

Das nächste Element im Kalkül der Hamas bestand darin, dass im Rahmen der erzwungenen militärischen Verteidigung Israels unvermeidbar viele unbeteiligte zivile Palästinenser im Gazastreifen zu Tode kommen. Denn die

Kriegstaktik der Hamas im Gazastreifen zeichnete sich durch die systematische Begehung eines Kriegsverbrechens aus, nämlich die palästinensischen Zivilpersonen mitsamt den zivilen Einrichtungen wie Krankenhäuser und Schulen als Schutzschilde im eigenen Krieg zu benutzen. All dies diente dazu, so viel Empörung vor allem in den arabischen Bevölkerungen zu erzeugen, dass deren Regierungen dem Druck der Straße nachgeben und einer Eskalation den Weg bereiten sollten, der den Flächenbrand für den gesamten Nahen Osten nach sich gezogen hätte. Diese Rechnung der Hamas ist nicht aufgegangen. Die arabischen Regierungen wissen um die Katastrophe, die ein solcher Flächenbrand auch für sie bedeuten würde.

Gleichwohl hat sich die humanitäre Katastrophe in Gaza immer mehr zugespitzt, die mit dem durch die Hamas ausgelösten militärischen Vorgehen Israels verbunden ist. Das Vordringen der israelischen Armee im Gazastreifen von Norden nach Süden führte dazu, dass einerseits in der Stadt Rafah weit über eine Million Palästinenser Zuflucht gesucht und andererseits sich dort ein beachtlicher Teil der verbliebenen Hamas-Truppen und des obersten militärischen Führungspersonals verschanzt hatten. Das sicherheitspolitische Dilemma Israels wurde auf eine extreme Spitze getrieben. Einerseits folgte die Fortsetzung des militärischen Vorgehens gegen die Hamas einer inneren militärischen und sicherheitspolitischen Logik, die Hamas als militärische Bedrohung Israels so weit wie möglich auszuschalten. Andererseits bedeutete die enorme Zahl getöteter oder verwundeter Zivilisten eine derartige menschliche Katastrophe, die wiederum auch sicherheitspolitische Folgen für Israel haben würde.

Denn für seine langfristige Sicherheit braucht Israel eine Verständigung mit seinen arabischen Nachbarn, die diese zwar auch grundsätzlich als Teil ihrer eigenen Sicherheit immer noch anstreben. Das Sterben und das Leiden einer großen Zahl von unschuldigen Palästinensern infolge der israelischen Offensive in Rafah würden aber die Empörung der arabischen Bevölkerungen so sehr anwachsen lassen, dass die arabischen Regierungen aus innenpolitischen Gründen keinen Spielraum mehr für die an sich gewollte außenpolitische Verständigung mit Israel hätten. Die innere militärische Logik israelischer Sicherheitsinteressen führt also zu Entscheidungen, die Israels außenpolitische Sicherheitsbedingungen unterminieren. Ein schreckliches, tragisches Dilemma. Je länger der Konflikt andauert, desto bedeutender werden als zusätzliche Komponente das Schicksal der verbliebenen israelischen Geiseln im Gaza-Streifen und die Frage, wie sie am ehesten gerettet werden können. Die militärische Operation führte zwar vereinzelt dazu, dass Geiseln befreit werden konnten, aber die größte Zahl an Geiseln konnte bisher durch einen von Qatar eingefädelten Deal zwischen Israel und der Hamas befreit werden. Im Rahmen einer Waffenruhe ließ die Hamas etwa fünfzig Frauen und Kinder unter den israelischen Geiseln sowie rund 30 ausländische Geiseln frei. Im Gegenzug entließ Israel rund zweihundert palästinensische Häftlinge aus seinen Gefängnissen.

Das Dilemma, in dem sich Israel befindet, spiegelt sich auch in den innenpolitischen Kontroversen und den außenpolitischen Entscheidungen des wichtigsten Verbündeten Israels, den USA, in einem Jahr wider, in dem Präsidentschaftswahlen stattfinden. Die USA leisten im Gaza-Krieg fortwährend in erheblichem Umfang militärische Hilfe an Israel, worauf Israel angewiesen ist. Die USA bezahlen für ihre starke politische und militärische Unterstützung Israels einen hohen diplomatischen Preis mit der Beschädigung ihrer Reputation in den arabischen und muslimischen Bevölkerungen weltweit und bei vielen Regierungen des sogenannten globalen Südens. Die USA und Präsident Biden selbst haben zudem Kritik an der Art und Weise des militärischen Vorgehens Israels geübt. Das Verhältnis zum israelischen Ministerpräsidenten Netanyahu ist belastet.

Innenpolitisch stößt die militärische Offensive Israels in Gaza auf erhebliche, teils aggressive Ablehnung von traditionellen, im politischen Spektrum der USA eher links orientierten Wählergruppen der Demokratischen Partei. Viele amerikanische Universitäten, darunter besonders die Elite-Universitäten der sogenannten Ivy League mit der Columbia University in New York an der Spitze der gewaltsamen Aktionen, sind traurige Schauplätze des gewalttätigen Hasses auf Juden und auf Israel. Wenn es im Hinblick auf die Nahost-Politik von Präsident Biden zu nennenswerten Wahlenthaltungen kommt – dass diese Wähler den Kandidaten Trump wählen, ist praktisch ausgeschlossen –, könnte dies die Wahl seiner Vizepräsidentin Kamala Harris zur Präsidentin gefährden. Dem gegenüber stehen – zahlenmäßig viel kleiner, aber in ihrem Mobilisierungspotenzial sehr stark – die jüdischen Amerikaner. Im Jahr 2020 stimmten die meisten von ihnen für Biden und nur eine Minderheit für Trump. Sie dürften ebenfalls ihre Entscheidung zu großen Teilen von der Nahostpolitik der Biden-Administration und damit verbunden der Bekämpfung von grassierendem Antisemitismus insbesondere an amerikanischen Universitäten abhängig machen.

Auch diese innenpolitische Konstellation in den USA bildet für Israel eine außenpolitische Komponente des Gaza-Krieges, die in der Gefahr für Israel liegt, dass selbst sein treuester und wichtigster Verbündeter auf Distanz geht; sie ist Teil des sicherheitspolitischen Dilemmas Israels. Zu einem ersten sichtbaren Schritt der Distanzierung kam es dann auch am 25. März 2024 im Sicherheitsrat der Vereinten Nationen. Die USA ermöglichten durch ihr Enthaltungsvotum eine völkerrechtlich bindende Resolution, die einen – von Israel abgelehnten – sofortigen Waffenstillstand sowie die – von der Hamas abgelehnte – bedingungslose Freilassung aller Geiseln forderte. Ein nächster Schritt der Distanzierung bestand darin, dass Präsident Biden erklärte, Israel keine Waffen für eine Offensive in Rafah zu liefern, wenn unvertretbar hohe zivile Opferzahlen zu erwarten seien.

Die außenpolitische Lage, in die Israel durch den Gaza-Krieg gekommen ist, hat schließlich noch eine weitere regionalpolitische Komponente. Diese besteht darin, dass sich Israel mit dem Gaza-Krieg zur militärischen Verteidigung entschloss, ohne über ein Konzept für die politische Anschlusslösung zu verfügen. Was soll nach dem Krieg folgen? Wie denken die israelische Regierung und Gesellschaft, die Sicherheit Israels langfristig gewährleisten und damit die alles entscheidende Frage der gesicherten Existenz Israels positiv beantworten zu können?

## Nach dem Krieg

Wie also sieht für Israel und die Palästinenser die Zukunft nach dem Krieg aus? Welche Aussicht gibt es, und wie lange wird es dauern, bis der Hass und die Traumata des Krieges, die auf beiden Seiten bestehen, einer Phase der Lehren und des Lernens aus dem Krieg Platz machen können? Vor allem die europäische Politik hat auf diese Frage eine rationale Antwort. Die Antwort lautet, dass der Krieg endgültig bewiesen habe, dass für beide Seiten, für Israel und für die Palästinenser, ein Ausgleich, eine politische Lösung die existenzielle Bedingung für Sicherheit, für Frieden, ja, für Überleben darstellt. Für Israel gelte, dass der erste und letzte Daseinszweck des Staates Israel, nämlich allen Jüdinnen und Juden einen Ort zu schaffen, an dem sie in Sicherheit leben, nur erfüllt werden könne, wenn es eine politische Lösung und Einigung mit den Palästinensern gebe.

Auch ich halte diese rationale Antwort für richtig und die zugrunde liegenden Prämissen für zutreffend. Ich bin davon überzeugt, dass nur eine politische Einigung zwischen Israelis und Palästinensern den existenziellen Interessen beider Seiten Rechnung trägt. Aber so wenig wie die europäische Welt und die europäische Politik allein nach den Regeln von Logik und Rationalität geordnet sind, so wenig trifft dies auf die Welt des Nahen und Mittleren Ostens zu. Politik ist überall auf der Welt eine menschliche Angelegenheit, und der Mensch besteht nicht nur aus Rationalität und Logik. Es ist ausgeschlossen, in völlig verfahrenen politischen Lagen, die zudem mit unvorstellbaren seelischen und körperlichen Verletzungen sehr vieler Menschen in der Konfliktregion belastet sind, politische Lösungen aufzuzwingen.

Die Möglichkeit politischer Lösungen setzt einen gesellschaftlichen und über Staaten hinausgehenden Reifeprozess voraus. Reifung aber braucht Zeit. Sie muss als unverzichtbares Element ein Mindestmaß an Vertrauen hervorbringen. Vertrauen ist auf beiden Seiten vollständig zerstört. Eine politische Schlussfolgerung, die man immerhin ziehen kann, besteht darin, alles zu unterlassen, was das vorhandene Misstrauen weiter vertieft. Auf palästinensischer Seite gehört dazu das Ende der gegen Israel und die Existenz Israels gerichteten Gewalt. Auf israelischer Seite muss es zu einem Ende der völkerrechtswidrigen Siedlungen in der Westbank kommen. Beide Voraussetzungen haben politisch extrem anspruchsvolle Bedingungen. Damit die Gewalt gegen Israel aufhört, muss die Hamas entweder entmachtet werden oder sich politisch und in ihrer Zielsetzung fundamental wandeln. Genauso braucht es in Israel eine Regierung, die in ihrem Bestand nicht auf extremistische Parteien und in der Folge auf aggressive Siedlerpolitik angewiesen ist, sondern sich beidem entschlossen entgegenstellt.

Es wird insgesamt einer Phase bedürfen, deren Dauer schwer abzusehen ist und in der es vor allem darum geht, eine weiter fortschreitende Verschlechterung abzuwenden. Dieses Ziel muss sowohl im Hinblick auf die Situation im Westjordanland als auch auf Gaza verfolgt werden. Nach dem Ende des Krieges wird es für Israel unvermeidlich sein, eine militärische Präsenz im Gazastreifen aufrechtzuerhalten sowie gewisse Versorgungsstrukturen zu etablieren oder zuzulassen und zu überwachen. Weil dies eine Phase relativ hoher Verwundbarkeit für Israel bedeutet, besteht das Interesse, diese Phase so lang wie nötig, aber so kurz wie möglich zu halten. Für die Frage, ob, wann und wie eine Anschlussphase ohne israelische Präsenz entwickelt werden kann, werden die arabischen Staaten eine unersetzbare Rolle spielen. Nur eine wie auch immer gestaltete – vielleicht unter Beteiligung der UN erfolgende – arabische Präsenz hätte eine Chance, zugleich von der großen Mehrheit der Palästinenser akzeptiert zu werden und Israels Sicherheitsbedürfnisse erfüllen zu können.

Dies würde aber einen fundamentalen Rollenwechsel auf arabischer Seite voraussetzen, der darin bestände, dass die arabischen Staaten nicht nur rhetorisch und politisch die Sache der Palästinenser unterstützen, sondern selbst ins Risiko gehen und »ownership« übernehmen müssten. Das ist bei Weitem nicht in erster Linie eine Frage des guten Willens oder der Glaubwürdigkeit der arabischen Staaten. Es ist zuallererst eine Frage ihrer eigenen inneren Sicherheit, die sie nicht durch den Import des Palästinakonflikts und von Terrorismus in die eigene Gesellschaft (weiter) gefährden wollen. Aus Angst vor Flüchtlingsbewegungen, die dann unweigerlich auch Hamas-Kämpfer einschließen würden, hält Ägypten seine Grenze bis heute für Palästinenser geschlossen.

Was die langfristige Perspektive anbelangt, ist auch meiner Meinung nach die Zweistaatenlösung die unverzichtbare Basis einer dauerhaft friedlichen Koexistenz zwischen Israelis und Palästinensern. Aber ich halte es für unverantwortlich, die Realität auszublenden, dass wir von einer Zweistaatenlösung weiter entfernt sind als jemals zuvor in der Geschichte des israelisch-palästinensischen Konflikts. Jetzt eine Zweitstaatenlösung zu propagieren schafft nur abgrundtiefes Misstrauen auf israelischer Seite und völligen Unglauben auf palästinensischer Seite. Wie oben ausgeführt, ist meine Auffassung, dass die arabischen Staaten den Schlüssel in der Hand halten, einen politischen Lösungsprozess einzuleiten. Sie werden das Risiko, das darin liegt, damit abwägen, den Konflikt weiter ungelöst zu lassen und auf die nächste gewaltsame Eruption zu warten.

# 3.
# DIE GLOBALEN IMPLIKATIONEN DES SYSTEMKONFLIKTS UND DIE ROLLE DEUTSCHLANDS

## China als Herausforderung der USA und des Westens

Nach dem Ende des Kalten Krieges schien die liberale internationale Ordnung als globale Ordnung unangefochten. Der Systemkonflikt zwischen Ost und West war überwunden, die Ideologie des Kommunismus an den Menschen, über die sie herrschte und die sie unterdrückte, gescheitert. Dieses Scheitern war umfassend – wirtschaftlich, politisch, moralisch und ideologisch. Eine Folge dieses Scheiterns schien es zu sein, dass die völkerrechtliche und institutionelle internationale Ordnung, die nach dem Zweiten Weltkrieg mit der Gründung der Vereinten Nationen und ihrem völkerrechtlichen Rahmen westlichen Ordnungsideen gefolgt war, nun in ihrem normativen Verständnis nicht mehr politisch herausgefordert wird. Es schien, als würde dieser völkerrechtliche Rahmen nun allgemein geteilt. Die normativen Ordnungsideen des Westens schienen sich zur allgemein akzeptierten Völkerrechtsordnung entwickelt zu haben.

Welch ein Triumph – und welch ein Irrtum, wie sich bereits rund 25 Jahre später herausstellte. Der globalen Dominanz westlicher Werte entsprach in dieser Zeit machtpolitisch die unilaterale Dominanz der USA. Die USA unter ihrem Präsidenten George W. Bush, angetrieben von seinem Vizepräsidenten Dick Cheney sowie seinem Verteidigungsminister Donald Rumsfeld, ließen sich zu den schwersten und folgenreichsten außenpolitischen Fehlentscheidungen in der amerikanischen Nachkriegsgeschichte verleiten. Als Reaktion auf den Terroranschlag vom 11. September 2001 rief George W. Bush den »war on terror« aus. Dieser führte zu dem Afghanistan-Krieg, der im Jahr 2021 nach zwanzigjähriger Dauer mit dem Rückzug der USA kläglich zu Ende ging, sowie zu dem auf einer Lüge beruhenden völkerrechtswidrigen Krieg gegen den Irak. Die Europäer nutzten diese Zeit der unilateralen Dominanz der USA, um ausgiebig eine Friedensdividende zu konsumieren. Die nationalen Armeen wurden drastisch abgerüstet. Die Bundeswehr wurde durch Sparmaßnahmen teilweise ihrer Einsatzfähigkeit beraubt und in eine Verfassung gebracht, unter der sie bis zum heutigen Tag leidet. Sie wurde zunehmend für Auslandseinsätze angefordert und in der Kombination von Spardiktat und diesem außenpolitischen Erfordernis immer stärker dafür umgebaut, unter Vernachlässigung der Aufgabe der Landes- und Bündnisverteidigung.

Wirtschaftlich und technologisch waren die ersten zwanzig Jahre nach dem Ende des Ost-West-Konfliktes die Zeit der einsetzenden Globalisierung, der zunehmenden Verflechtung von Volkswirtschaften und Unternehmen durch Handel und technologische Verknüpfung. Politisch herrschte im Westen die Vorstellung, dass diese wirtschaftlich-technologische Verflechtung auch geopolitisch zu positiven, Staaten und Menschen verbindenden

Entwicklungen führen werde. Wer miteinander Handel treibt, schießt nicht aufeinander, war einer der – wie wir spätestens im Nachhinein wissen – naiven Glaubenssätze der damaligen Zeit. Diese Einschätzungen galten vor allem im Hinblick auf die Volksrepublik China, die in diesen Jahrzehnten durch eine eindrucksvolle Reformpolitik eine enorme wirtschaftliche, industrielle und technologische Entwicklung durchlief. Diese mündete im Jahr 2001 in Chinas Aufnahme in die Welthandelsorganisation (WTO).

Im Hinblick auf die Entwicklung von Globalisierung als politischem und wirtschaftlichem Leitmotiv traten zwei Brüche auf; sie führten zu einer folgenschweren und grundlegenden Veränderung der Sichtweise, Bedeutung und Gestalt, die Globalisierung heute hat. Der eine Bruch war der Anschlag des dschihadistischen Terrornetzwerks Al Qaida unter der Führung von Osama bin Laden am 11. September 2001 auf die USA. Bei diesem fürchterlichen Angriff auf die USA von außen wurden zwei gekaperte Flugzeuge in die Türme des World Trade Centers gelenkt, Tausende Menschen fanden den Tod. Weitere Flugzeuge sollten wahrscheinlich das Kapitol treffen, was aber scheiterte, sowie das Pentagon, wo nur vergleichsweise geringer Schaden angerichtet wurde.

Im Zuge der durch diese Anschläge ausgelösten Verfolgung und Bekämpfung des internationalen Terrorismus erkannten die USA die Macht, die in den der Globalisierung zugrunde liegenden technischen Netzwerken vorhanden ist. (Die beiden US-Wissenschaftler Henry Farrell und Abraham Newman haben in ihrem spannenden Buch »Underground Empire – How America Weaponized The World Economy«, erschienen 2023, diesen Prozess eindrucksvoll beschrieben.) Es erwies sich, dass die Knotenpunkte der in den 1990er- und 2000er-Jahren im Wesentlichen privatwirtschaftlich entstandenen Netze direktem amerikanischem Einfluss unterlagen. Verbunden mit der einzigartigen internationalen Währungsdominanz des Dollar entdeckten die USA diese Netzwerke als enorme Machtinstrumente, um dem internationalen Terrorismus auf die Schliche zu kommen, ihn zu verfolgen und terroristische Aktivitäten zu unterbinden.

Im Laufe der Zeit erkannten die USA, dass diese ungeheure Machtposition sich nicht nur zur Bekämpfung des internationalen Terrorismus eignet, sondern auch dazu, ein Land auf Abstand zu halten, das sich immer mehr anschickte, die unilaterale Rolle der USA umfassend infrage zu stellen und herauszufordern: China.

Denn hier ereignete sich der zweite folgenschwere Bruchpunkt für die Globalisierung mit der Machtübernahme von Xi Jinping in den Jahren 2012 und 2013. Unter Xi Jinping ist es zu einem umfassenden und fundamentalen Bruch nicht nur mit der wirtschaftlichen Reformpolitik in China gekommen, die noch sein Vorgänger Hu Jintao verfolgt hatte, sondern auch mit der von Deng Xiaoping begründeten machtpolitischen Verfassung von *checks and balances*. Diese waren eine Reaktion auf die Diktatur Maos und zielten darauf ab, absolute diktatorische Macht einer einzigen Person für die Zukunft zu verhindern. Die Revolution Xi Jinpings, anders kann man die Veränderungen in China unter Xi nicht bezeichnen, umfasst vier Bereiche. Jede Begrenzung der obersten Macht, die es vorher durch das Prinzip der kollektiven Führung sowie die zeitliche Begrenzung der Amtsdauer gegeben hatte, ist aufgehoben.

Die Absolutheit der Macht Xi Jinpings wird dadurch komplettiert, dass seine wichtigsten Aussagen Wahrheitswert haben und als solche nicht hinterfragbar sind.

Das zweite Gebiet der grundlegenden Änderungen durch Xi zeigt sich in der lückenlosen, vor allem auf digitale Überwachung setzenden Repression der eigenen Bevölkerung. Die Verfolgung der grassierenden Korruption im Land ist dabei ein Teil dieser Politik, sie dient aber auch zur Legitimierung der Beseitigung von Personen, die durch wirtschaftlichen Erfolg zu mächtig und dadurch politisch zu gefährlich geworden sind.

Der dritte Bereich umfasst die Wirtschaft. Die Hoffnungen, die in den WTO-Beitritt Chinas gesetzt wurden, haben sich nicht erfüllt. Grundprinzipen der WTO wie Nichtdiskriminierung und Reziprozität sucht man in China vergebens. Gleiche Wettbewerbsbedingungen für chinesische und ausländische Unternehmen gelten nicht. Wer in China investieren will, muss sich den Bedingungen der Kommunistischen Partei unterwerfen, was in der Regel zu erzwungenen Joint Ventures mit dem Zweck des Technologietransfers führt. China verfolgt inzwischen eine Zwei-Kreisläufe-Strategie, die Chinas Abhängigkeit von internationalen Handelsströmen reduzieren und heimische Innovationskraft stärken soll. An dem nach innen gerichteten Kreislauf, in dem chinesische Unternehmen für chinesische Konsumenten produzieren, sind ausländische Unternehmen nur noch marginal beteiligt. Sobald ein ausländisches Unternehmen nicht mehr gebraucht wird, beispielsweise weil ein Technologietransfer erfolgreich stattgefunden hat, schließt sich der chinesische Markt für dieses ausländische Unternehmen.

Viertens und abschließend ist die Außenpolitik, die Xi Jinping verfolgt, von einem Paradigmenwechsel gekennzeichnet. Dieser drückt sich in einem globalen Revisionismus aus. Xi akzeptiert die geltende liberale internationale Ordnung, wie sie nach dem Zweiten Weltkrieg begründet wurde, nicht. Er hält diese Ordnung für nichts anderes als eine Verkleidung des globalen amerikanischen Macht- und Dominanzanspruchs. Chinas Vorstellung ist nicht die eines auf Werten, schon gar nicht auf liberalen Werten, beruhenden internationalen Ordnungsmodells. Stattdessen verfolgt China ein konkurrierendes Modell, dessen organisierendes Prinzip Macht ist. Die Macht, die einzelne Staaten haben oder für sich beanspruchen können, muss von den anderen Staaten und in der internationalen Ordnung respektiert werden. Gemeint ist damit natürlich die Macht Chinas.

Gerade in seiner Macht sieht China den entscheidenden Unterschied zwischen der Gegenwart und der Nachkriegszeit nach 1945, in der die internationale Ordnung begründet wurde. Damals war China schwach und spielte demgemäß kaum eine Rolle. China sieht sich heute gegenüber den USA auf Augenhöhe und allen anderen als weit überlegen an. China besteht darauf, dass beides – Gleichrangigkeit und Überlegenheit – international respektiert wird. Welche Ansprüche im Einzelnen China zustehen, definiert China natürlich selbst. China leitet etwa den Hoheitsanspruch auf das gesamte Südchinesische Meer aus seiner Geschichte ab. Die gegenteilige Entscheidung eines internationalen Seegerichts, beruhend auf dem internationalen Seerecht, betrachtet China als Verletzung seiner legitimen Machtansprüche und seiner Würde. Das Recht in seiner

Eigenschaft, die Machtansprüche von Staaten, und zwar von allen, also auch die von China, zu zähmen und zu begrenzen, lehnt China prinzipiell ab.

China betreibt diesen globalen Machtanspruch auf allen Gebieten und mit allen Instrumenten. In der Region des Indopazifiks beansprucht China Dominanz. Mit seiner im Rahmen der Belt-and-Road-Initiative verfolgten Politik des Handels und der Verflechtung zielt China auf die Schaffung von Abhängigkeiten anderer Länder ab. Angelegt werden diese durch massive chinesische Investitionen in Infrastrukturprojekte, die an Knebelverträge gebunden sind. Ist ein Land nicht mehr in der Lage, die Schulden zu begleichen, schnappt die chinesische Falle zu. Sri Lanka musste diese Erfahrung machen, als es mit Hilfe Chinas den Hafen Hambantota ausbauen wollte. Dafür transferierte China in großer Zahl chinesische Arbeiter nach Sri Lanka, die heimische Wirtschaft ging leer aus. Kaum konnte Sri Lanka den Kredit nicht mehr bedienen, fiel der Hafen an China. Dafür, dass dieser die nächsten 99 Jahre China gehört, wurde Sri Lanka ein Teil seiner Schulden erlassen.

Ähnlich geht China insbesondere in Afrika vor. Es ist Teil der ausdrücklichen außenpolitischen Strategie Chinas, wirtschaftliche Schwächen und Abhängigkeiten anderer Länder für die eigenen politischen Ziele auszunutzen. Missliebiges Verhalten, wie etwa die Forderung Australiens, über die mögliche Entstehung des Corona-Virus in China eine internationale, unabhängige Untersuchung zuzulassen, werden mit wirtschaftlichen Sanktionen bestraft. China betreibt, was dem Land nicht vorzuwerfen ist, uns aber bewusst sein muss, in vielen Bereichen eine strategische Politik. Dies gilt etwa für die chinesische Politik, sich monopolartig die Abbaurechte für kritische Rohstoffe in anderen Staaten zu sichern, aber genauso etwa für die Personalpolitik, die China in internationalen Organisationen betreibt. Unter der Herrschaft von Xi Jinping hat China militärisch aufgerüstet, wie dies in der jüngeren Geschichte Chinas beispiellos ist. Auch auf diesem Gebiet setzt China alles daran, Ebenbürtigkeit mit den USA und Überlegenheit gegenüber allen anderen Staaten sicherzustellen.

## Die Taiwan-Frage

Die im chinesischen Bürgerkrieg erfolgreichen Kommunisten zwangen die bis dahin in Festland-China herrschende Partei Kuomintang, auf der Insel Taiwan Zuflucht zu suchen. Dort führten sie über Jahrzehnte eine autoritäre Herrschaft. Heute ist Taiwan eine gefestigte Demokratie, die Kuomintang ist ein Teil des Mehrparteiensystems in Taiwan. Nach chinesischem Verständnis – und hier besteht Übereinstimmung zwischen der politischen und staatlichen Führung und der Bevölkerung – ist die Insel Taiwan ein staatlicher Bestandteil der Volksrepublik China. Diese staatsrechtliche Auffassung wird international auch weiterhin respektiert, so etwa von den USA und auch von Deutschland. Die politisch-diplomatische Schlussfolgerung daraus ist, dass zum Beispiel Deutschland explizit eine Ein-China-Politik verfolgt, also Taiwan international nicht als Staat anerkennt. Der Streit geht also nicht um den völkerrechtlichen Status Taiwans.

Allerdings gewinnt diese völkerrechtliche Frage vor dem Hintergrund des übergreifenden Systemkonflikts zwischen

China auf der einen Seite und den USA und dem Westen auf der anderen Seite eine neue außenpolitische Brisanz. In der Sache wird der Konflikt um Taiwan durch den Anspruch Chinas ausgelöst, Taiwan in den chinesischen Staat notfalls mit allen Mitteln einzugliedern, und das heißt auch mit militärischen. Dass mit einer gewaltsamen Wiedereingliederung Taiwans in den chinesischen Staat zugleich auch die Demokratie in Taiwan ihr Ende finden würde, ist eindeutig. Um das festzustellen, genügt ein Blick nach Hong Kong. Insofern spielt der Systemkonflikt mit China erneut in diesen Streit hinein. Das Ziel der Wiedereingliederung Taiwans in den chinesischen Staat ist nationales Selbstverständnis der Chinesen und ein Pflichtprogramm der politischen und staatlichen Führung. Da Taiwan und die Taiwanesen weder zur Preisgabe ihrer Staatlichkeit noch ihrer Demokratie bereit sind, wird es die Wiedereingliederung Taiwans in den chinesischen Staat entweder gewaltsam oder gar nicht geben.

Falls es zu einer militärischen Aktion Chinas gegen Taiwan käme – sei es auf dem Wege der Strangulierung der Insel durch eine maritime Blockade oder auf dem Wege des direkten Angriffs –, hätte dies dramatische weltwirtschaftliche und geopolitische Konsequenzen. Die USA haben schon vor langer Zeit eine Beistandserklärung zugunsten von Taiwan abgegeben. Präsident Biden hat in mehreren Aussagen dieser Beistandserklärung auch eine militärische Note beigefügt. Die USA haben damit ihre bis dahin praktizierte Politik der strategischen Ambiguität, die China bewusst im Unklaren darüber lässt, wie die USA reagieren würden, zu einem gewissen Grad verengt. Dennoch kann sich die chinesische Führung nicht sicher sein, ob und wie im Falle eines militärischen Konfliktes mit Taiwan die USA zur aktiven militärischen Unterstützung Taiwans eilen würden. Bereits eine solche Konfrontation zwischen den USA und China hätte katastrophale Auswirkungen auf die Weltwirtschaft. Hinzu kommt, dass Taiwan in der Produktion der höchstentwickelten, leistungsfähigsten Halbleiterchips nahezu ein weltweites Monopol hat. Die Störung der Produktion und des Exports durch ein Kriegsgeschehen hätte zusätzlich dramatische Folgen für die Weltwirtschaft.

Deutschland wäre von den weltwirtschaftlichen Auswirkungen eines Krieges oder einer Blockade gegen Taiwan in besonderer Weise betroffen, weil die deutsche Volkswirtschaft wie kaum eine andere exportorientiert und verflochten ist. Dies gilt nochmals in besonderer Weise für China als Markt deutscher Exporte und immer mehr für China als Produktionsstandort deutscher Unternehmen. Ganze strategische Sektoren der deutschen Industrie, wie etwa die Automobilindustrie, die Chemieindustrie, die Pharmaindustrie und der Maschinenbau, haben entweder ganz oder zu erheblichen Teilen ihre Wachstumsstrategie auf China gegründet. Ohne jeden Zweifel würde es in diesem Konfliktfall zu erheblichen amerikanischen, westlichen und auch europäischen Sanktionen kommen. Ebenso sicher zu erwarten wären Vergeltungssanktionen Chinas gegen die Staaten, die ihrerseits China mit Sanktionen belegen.

Das verwundbarste Land unter diesen von chinesischen Vergeltungssanktionen betroffenen Volkswirtschaften wäre sicher Deutschland. Die Betroffenheit Deutschlands würde sich nicht auf die einzelnen Unternehmen begrenzen, die bewusst ein risikoreiches Überinvestment eingegangen sind. Fragt man beispielsweise den gegenwärtigen CEO von Mercedes-Benz Källenius danach, was für ihn De-Risking bedeute, lautet seine öffentliche Antwort: »Für uns bedeutet De-Risking nicht, dass wir unsere Präsenz in China reduzieren. Es bedeutet vielmehr, dass wir sie ausbauen.« Der Mercedes-Benz CEO weiß natürlich, dass es nicht sein Unternehmen sein würde, das die Kosten dieser Risikostrategie im Krisenfall tragen würde. Denn die betroffenen Unternehmen sind für die deutsche Volkswirtschaft so bedeutsam, dass mit einem Ansteckungseffekt auf die gesamte Wirtschaft zu rechnen wäre. Die bewusst von den Vorständen und Aufsichtsräten der betroffenen Unternehmen eingegangenen Verwundbarkeiten, die ihrerseits von mehreren Bundesregierungen, auch der gegenwärtigen, sehenden Auges hingenommen wurden, würden ihre volle Wirkung auf die deutsche Volkswirtschaft entfalten. Es wäre dann wieder einmal so, dass die Profite privatisiert waren und die Kosten sozialisiert würden.

Wenn es sich bei dem Ziel der Wiedereingliederung Taiwans in den chinesischen Staat um ein nationales Selbstverständnis und ein politisches Pflichtprogramm Chinas handelt, stellt sich die Frage, ob der Kriegsfall überhaupt und anders als durch eine antizipierte Kapitulation Taiwans vermieden werden kann. Es dürfte von der Risikokalkulation der chinesischen Führung abhängen. Denn die beschriebenen weltwirtschaftlichen und geopolitischen Folgen eines solchen Konfliktes würden auch China, das in weiten Teilen immer noch ein Land in der Entwicklung ist und eigene große Verwundbarkeiten hat, extrem hart treffen. China ist ein bedeutendes Exportland mit einem großen positiven Außenhandelsüberschuss. Das Wegbrechen der Exportmärkte würde der chinesischen Wirtschaft äußerst schwer zu schaffen machen. Das wiederum hätte gesellschaftlich enormes Konfliktpotenzial, da das Herrschaftssystem der Kommunistischen Partei auf der impliziten Vereinbarung mit der Gesellschaft beruht, deren Wohlstand stetig zu mehren. Dafür braucht es Wachstum. Daraus folgt, dass es möglich ist, diesen Konflikt zu vermeiden. Denn auf die Kostenkalkulation Chinas für diesen Fall hat der Westen Einfluss.

Auch Deutschland als drittgrößte Volkswirtschaft der Welt hat hier nicht unerhebliche Bedeutung. Diese drückt sich noch darin aus, dass nicht nur Deutschland China braucht, sondern genauso auch China auf Deutschland angewiesen ist. Doch dieses Fenster wechselseitiger Abhängigkeit könnte sich schließen. Die Entwicklung im Automobilsektor könnte die Richtung künftiger Veränderungen dieses Verhältnisses andeuten, was dafür spräche, dass sich das Fenster bereits schließt. China hat aus seiner politischen Verwundbarkeit durch wirtschaftliche Verflechtung mit dem Westen den strategischen Schluss gezogen, sich durch die Entwicklung einer Zwei-Kreisläufe-Ökonomie zu schützen. China versucht einen inneren, relativ autarken Wirtschaftskreislauf zu schaffen, der nicht von Importen abhängen soll, deshalb nicht durch handelspolitische Sanktionen gestört werden kann und das Land darum konfliktresistent machen soll, und einen äußeren Wirtschaftskreislauf zu unterhalten, in dem China am internationalen Handel teilnimmt. Ob diese Politik aufgeht, ist schwer vorherzusagen.

Was man aber feststellen muss, ist der augenfällige Unterschied in der strategischen Beschäftigung in China und in Deutschland mit derselben Frage der geopolitischen Folgen wirtschaftlicher Abhängigkeit. Hierzulande machen sowohl die Bundesregierung als auch die wichtigsten Konzerne im Wesentlichen einfach so weiter, wie sie es schon immer gemacht haben. Weil es bislang so gut funktioniert hat und – falls es schiefgeht – die Kosten dieser Strategie von anderen, vor allem den Steuerzahlern, getragen würden. Hervorzuheben ist, dass dieses Verhaltensmuster nur auf einen Teil der deutschen Wirtschaft und nicht auf den Großteil der exportierenden deutschen Familienunternehmen zutrifft.

Das Denken und Handeln in unterschiedlichen Zeiträumen erklärt die grundsätzlich unterschiedliche Herangehensweise gegenüber dem China-Risiko seitens der exportorientierten deutschen Familienunternehmer und von Managern in Konzernen. Erstere denken in Generationen und handeln mit dem Ziel, der nachfolgenden Generation ein erfolgreiches Unternehmen zu übergeben. Der Vertrag des CEO eines Dax-Unternehmens läuft dagegen für ein paar Jahre, seine Hauptversammlung ist in drei Monaten, und der Börsenkurs notiert täglich. Die Erwartungshaltung der Märkte und Verantwortungszyklen der Unternehmen sind völlig unterschiedlich. Vor diesem Hintergrund überrascht es kaum, dass sich die deutschen Familienunternehmer in ihrem Chinabild und den unternehmerischen Entscheidungen, die sie daraus ableiten, auf erfreuliche Weise von den Großkonzernen unterscheiden. Sie haben umgeschaltet und verfolgen in großen Teilen bereits eine Strategie der Risikominimierung und Diversifizierung.

## China-Politik als strategische Außenpolitik Deutschlands und der Europäischen Union

Das Epizentrum der geopolitischen Systemrivalität liegt zwischen den beiden Polen China und USA. Der strategische Wettbewerb zwischen den beiden Mächten erfasst alle Bereiche der Politik: die Wirtschaft, die Technologie, die Diplomatie und schließlich die Gestalt einer neuen internationalen Machtarchitektur in der Nachfolge der geopolitischen Machtverhältnisse des Kalten Krieges. Er ist der definierende geopolitische Konflikt unserer Zeit. Unausweichlich bildet dieser übergreifende Systemkonflikt darum auch die entscheidende Rahmenbedingung für die deutsche und die europäische Außenpolitik. Wenn Deutschland und die EU nicht nur Spielball zwischen den beiden Polen sein wollen, sondern gestaltenden Einfluss ausüben möchten, führt an einer strategischen deutschen und europäischen Außenpolitik kein Weg vorbei. Um es vorwegzunehmen: Es gibt sie bislang nicht. Aber gerade deshalb ist es so wichtig, dass wir uns an dieser Stelle mit der strategischen Dimension deutscher und europäischer China-Politik beschäftigen.

Wo stehen Deutschland und die EU in diesem Konflikt? Diese Frage lässt sich in einem ersten Schritt einfach und eindeutig beantworten. Wir, Deutschland und die Europäische Union, sind Teil des Westens. Der Westen ist ja gerade nicht geographisch, sondern normativ definiert. Der Westen sind also die USA, Kanada und Europa genauso wie Australien, Japan und Neuseeland. Es sind die Werte der Menschenwürde und der personalen Freiheit sowie die daraus abgeleiteten politischen und wirtschaftlichen Systeme, Demokratie, Rechtsstaatlichkeit und Marktwirtschaft, die den Westen konstituieren. Deutschland und der Westen sind in diesem Systemkonflikt also keine Vermittler, sondern Partei.

Aber wir sind es nicht nur in einem normativen Sinne. Unser Standort als Teil des Westens ist zutiefst in unseren deutschen und europäischen Interessen begründet. Die zentrale Idee des Westens, die Beziehungen zwischen Staaten und deren Konflikte durch das Prinzip des Rechts zu klären repräsentiert zugleich unser fundamentales Interesse, das Deutschland und Europa an einer regelbasierten internationalen Ordnung haben. Deutschland ist wirtschaftlich so verflochten und in seiner Wirtschaft so exportorientiert wie kaum ein anderes Land. Dieses Geflecht an Beziehungen braucht einen verlässlichen, berechenbaren Rahmen. Nur das Prinzip des Rechts kann diesen gewährleisten. Das Recht als Idee und grundlegendes Institut der internationalen Beziehungen wertzuschätzen beinhaltet übrigens nicht die Behauptung, dass die Staaten des Westens sich stets regelkonform verhalten oder verhalten hätten. Es wurde bereits der Irak-Krieg der USA als ein massiver Bruch des Völkerrechts in Erinnerung gerufen.

Aber das Recht als Prinzip der internationalen Ordnung, dem sich alle, und seien sie noch so mächtige Staaten, zu unterwerfen haben, wird durch den Westen einschränkungslos anerkannt. Diese Anerkennung des Rechts als Prinzip der internationalen Ordnung wird wiederum nicht als eine exklusive Spezialität des Westens angesehen. Selbstverständlich teilen diese Auffassung viele andere

Staaten. Das Prinzip des Rechts durchzieht das geltende Völkerrecht. Gerade darum besitzt es die Legalität und die Legitimität, von allen Mitgliedern der internationalen Gemeinschaft als befriedendes und konfliktregulierendes Prinzip anerkannt zu werden.

Obwohl also Deutschland und die Europäische Union in dem geopolitischen Systemkonflikt keine Vermittler sind, sondern einen klaren Standort haben, heißt dies nicht, dass die konkrete Betroffenheit und die konkreten Interessenlagen zwischen Deutschland und der EU einerseits und den USA andererseits identisch sein müssen. Sie sind es durchaus nicht. Die Herausforderung, die China für die USA darstellt, ist aus amerikanischer Sicht zunächst und vor allem machtpolitisch. Sie ist die Infragestellung der einzigartigen globalen Vorherrschaft der USA. Die USA sind bis zum heutigen Tag die einzige Macht, die fähig und (noch) willens ist, internationale Ordnung zu gestalten. Diese geopolitische Rolle der USA möchte China vom Spielplan nehmen. Auch wenn die Ausübung dieser Rolle durch die USA nicht stets deutschen und europäischen Auffassungen und auch Interessen entspricht, ist sie fundamental im Interesse der Deutschen und der Europäer.

Gleichwohl begründet die globale machtpolitische Dimension einen großen Unterschied innerhalb des Westens. Weder Deutschland noch die EU können die geopolitische Rolle und Macht der USA ausüben. Wir werden also nicht unmittelbar und direkt in dem herausgefordert, um das es in dem Systemkonflikt mit China für die USA und umgekehrt auch für China ganz entscheidend geht. Es ist für Deutschland und Europa eine abgeleitete Interessenlage. Sie ist indessen nichtsdestoweniger existenziell für die Deutschen und die Europäer. Eine nach chinesischen Machtvorstellungen organisierte internationale Ordnung ist das exakte Gegenteil deutscher und europäischer Interessen. Es ist die ausdrückliche Absage an eine liberale, auf Regeln beruhende internationale Ordnung. Man stelle sich nur einmal vor, nach den Regeln des chinesischen »Social-Credit-Systems« leben zu müssen, mit dem durch die Vergabe von Punkten wünschenswertes Verhalten in der Bevölkerung belohnt oder eben bestraft wird. Das geht so weit, dass staatliche Leistungen und die Kreditwürdigkeit eingeschränkt, Flüge und Zugreisen nicht mehr gebucht werden können, Unterricht an Privatschulen nicht mehr möglich ist und Karrieren im öffentlichen Sektor untersagt werden. Nur in einer liberalen, auf Regeln beruhenden Ordnung können sich die ganz unterschiedlichen politischen, wirtschaftlichen und kulturellen Interessen Deutschlands und der Europäischen Union erfolgreich entwickeln und durchsetzen.

Neben der unterschiedlichen Gestalt und machtpolitischen Betroffenheit ist auch die Risikolage, die durch den geopolitischen Systemkonflikt mit China entsteht, für die USA einerseits und für Deutschland und die EU andererseits unterschiedlich. Die USA sind die mit Abstand stärkste Volkswirtschaft der Welt, ein großer Binnenmarkt, im Wesentlichen energieautark, von zwei Ozeanen geschützt. Die Importe aus China sind enorm, die Handelsbilanz zwischen USA und China geht eindeutig zu Lasten der USA. Aber der amerikanische Importüberschuss bezieht sich in erheblichem Umfang auf Konsumgüter und begründet insofern keine vergleichbare politisch relevante ökonomische Abhängigkeit der USA von China.

Gerade für Deutschland stellt sich diese Situation völlig anders dar. Wesentliche Teile der deutschen Industrie haben strategisch ihr Wachstum entweder durch Exporte oder durch Produktionsstandorte nach China ausgelagert. Wachstumsstrategien einzelner Unternehmen verlassen sich auf China. In großer Zahl hängen ganze Produktgruppen, die in Deutschland im Gebrauch sind, am Import aus China. Die deutsche Wirtschaft ist in erheblichem Umfang von dem Import kritischer Rohstoffe sowie von Medikamenten aus China abhängig. Zunehmend tauscht Deutschland die ehemalige Abhängigkeit von fossilen Energielieferungen aus Russland gegen eine neue Abhängigkeit von chinesischen Ressourcen und Produkten ein, die für die Erzeugung erneuerbarer Energien notwendig sind. In beiden Bereichen schickt sich China unverkennbar an, nahezu in die Rolle eines Monopolversorgers zu gelangen. Davon, dass die deutsche Politik aus den schmerzhaften und teuren Folgen der Abhängigkeit von russischer Energie die Lehren gezogen hat, kann leider im Hinblick auf diese neue sich abzeichnende Energieabhängigkeit von China nicht die Rede sein. Wenn man die Gesamtheit der Abhängigkeiten, die gerade Deutschland von chinesischen Importen eingegangen ist, zusammen betrachtet, führt an der Feststellung kein Weg vorbei, dass diese Abhängigkeit im Vergleich zu der Abhängigkeit von russischer Energie um ein Vielfaches größer ist und im Konfliktfall viel massiver wäre. Welche Lehren und Konsequenzen sind also zu ziehen, um eine drohende Katastrophe gerade für Deutschland für den Fall abzuwenden, dass es etwa in der Taiwan-Frage zu einem ernsten, eventuell militärischen Konflikt zwischen China und den USA kommt?

Eine strategische deutsche China-Politik muss insbesondere zwei Entscheidungen treffen und entsprechende Entwicklungen einleiten. Erstens führt kein Weg daran vorbei, die Politik des sogenannten De-Risking endlich zu beginnen. Diese Politik bedeutet, in einem Prozess – es ist allen klar, dass dies nicht von heute auf morgen geht – die strategischen Abhängigkeiten von China zu reduzieren. Welche Instrumente und Elemente dazu zählen, ist allgemein bekannt. Lieferketten und Produktionsstandorte müssen diversifiziert werden. Maßgeblicher Einfluss chinesischer Unternehmen auf die kritische Infrastruktur in Deutschland muss ausgeschlossen werden. Die gesetzlichen Voraussetzungen dafür, dass nicht chinesische Unternehmen, die (ob sie wollen oder nicht) dem Einfluss des chinesischen Staates ausgeliefert sind, das öffentliche deutsche 5G-Netz entwickeln, sind vorhanden. Die Bundesregierung müsste das in der letzten Legislaturperiode dazu erlassene Gesetz einfach nur anwenden, tut es aber nicht. Anders sieht die Lage mit Blick auf den 5G-Ausbau privater Campus-Netze aus oder die Verwendung chinesischer Komponenten in der privaten Infrastruktur im Allgemeinen. Die Bundesregierung will dies im Kritis-Dachgesetz regeln, auf das der Bundestag allerdings noch immer wartet.

Der entscheidende Punkt einer China-Strategie liegt darin, wen man für die Umsetzung einer solchen Strategie für verantwortlich ansieht. Bundeskanzler Scholz erklärt ausdrücklich, das sei Sache der Unternehmen, die ihre Investitionsentscheidungen zu treffen hätten. Mich erinnert das an die Behauptung früherer Bundesregierungen, bei Nord Stream 2 handele es sich um ein rein privatwirtschaftliches

Projekt. Beide Aussagen sind falsch, irreführend und bestenfalls naiv. Die Folgen des Überinvestments einzelner Firmen in China und der Importabhängigkeit in strategischen Bereichen wären ja keinesfalls nur privater Natur und allenfalls für einzelne Unternehmen von Bedeutung. Die Folgen falscher unternehmerischer Entscheidungen würden die gesamte Volkswirtschaft unseres Landes treffen. Ja, sie wären so massiv, dass sich die Frage stellen würde, ob wir angesichts einer in manchen Bereichen potenziell zerstörerischen Wirkung chinesischer Sanktionen noch wirklich politisch souverän in der staatlichen Entscheidungsfindung wären. Es kann also nur darum gehen, dass eine gemeinsame, von Politik und Unternehmen geprägte und getragene Außenwirtschaftsstrategie gegenüber China praktiziert wird.

So sehr der geopolitische Systemkonflikt zwischen China und dem Westen in seinem Kern ein normativer Konflikt ist, wird er auf einem anderen Gebiet entschieden werden, nämlich auf dem Gebiet der modernen Technologien. Wer hier die Vorherrschaft gewinnt, wird langfristig auch die technischen Standards setzen, die Netze bestimmen, dann die wirtschaftlichen Regeln prägen und sich als Folge davon auch politisch durchsetzen. Auch wenn China in den vergangenen Jahren bemerkenswerte technologische Kompetenz und partiell auch Führung gewonnen hat, liegt hier der Vorteil bei den westlichen Gesellschaften und eindeutig bei den USA. Innovationen, Erfindungen und die Entwicklung neuer Technologien gedeihen am besten unter den Bedingungen von Freiheit.

Die systematische Unterdrückung von kritischem Denken in der Herrschaft von Xi Jinping wird für die technologische Entwicklung des Landes ihren Preis fordern. Weiterhin wird die Methode Chinas, westliche Entwicklungen und Errungenschaften zu kopieren, unter den Bedingungen des Systemkonflikts nicht mehr so fortgesetzt werden können wie in der Vergangenheit. Das Problembewusstsein in dieser Hinsicht ist im Westen allgemein enorm gestiegen. Schließlich setzen vor allem die USA gezielt handelsbeschränkende Maßnahmen ein – wie etwa ihr Exportverbot von höchstentwickelten Chips nach China –, die die technologische Entwicklung des Landes hemmen. Die wesentliche Aufgabe deutscher und europäischer Politik besteht darin, den erheblichen technologischen Rückstand wettzumachen und deutlich aufzuholen. Technologieentwicklung muss auch aus geostrategischen Gesichtspunkten ein Schwerpunkt deutscher und europäischer Politik werden. Nur dann wird auch die technologische Kooperation mit den USA von europäischer Seite aus wirklich mit Leben zu füllen sein, die wiederum eine enorme geopolitische Bedeutung hat.

Wenn es zu einer auch von den Europäern beeinflussten gemeinsamen transatlantischen China-Politik kommen soll, dann müssen Deutsche und Europäer auf diesem Gebiet aufholen. Eine solche transatlantische China-Politik würde nicht in erster Linie auf »Constrainment« Chinas setzen, also auf den Versuch, die Entwicklung Chinas einzudämmen und aufzuhalten. Eine solche Politik wird niemals wirkliche Erfolge erzielen. Zum einen ist China dafür ein viel zu großer geopolitischer und geoökonomischer Akteur. Zum anderen erzeugt eine Politik gegenüber China, die im Wesentlichen gegen die Entwicklung des Landes gerichtet ist, den Grund für immer mehr Aggression und

Konfrontation. Das Ziel einer gemeinsamen transatlantischen China-Politik muss daher vielmehr die Entwicklung gemeinsamer Stärken von Amerika und Europa sein. Gemeinsame Stärke ist das, was konstruktiv für die Gestaltung des Verhältnisses zu China eingesetzt werden kann. Es gilt, eine friedliche und stabile Weltordnung mit China zu entwickeln und nicht gegen China.

## Globale Implikationen des geopolitischen Systemkonflikts

Der westlich-chinesische Systemkonflikt ist der zentrale geopolitische Konflikt unserer Zeit. Er hat darum nicht nur Konsequenzen für das Verhältnis des Westens zu China, sondern weit darüber hinaus. Dieser Konflikt hat nahezu alles in den internationalen Beziehungen geoökonomisiert und geopolitisiert: die Neugruppierung von Staaten und ihre außenpolitische Neuausrichtung, Handel und Technologie, auch globale Güter wie den Stopp der globalen Erderwärmung oder die globale Gesundheit.

Eine der globalen Konsequenzen kann man in dem relativ neuen allgemeinen Sprachgebrauch im Hinblick auf die »Staaten des globalen Südens« ablesen. Der »globale Süden« bildet keine politische Entität, es gibt ihn nicht als Gruppe, er ist weder ein Richtungs- noch ein Handlungsverbund von Staaten. Leicht überspitzt könnte man sagen, es gibt ihn nicht. Dennoch spricht jeder von ihm. Dieser Begriff steht in gewisser Weise für alle, die sich weder China noch dem Westen zuschreiben wollen. Oft wird darum in Anlehnung an die Zeit des Kalten Krieges gesagt, es handele sich um die Gruppe der »Non-aligned-Staaten«, also um all die Länder, die keinem Lager beitreten möchten. Ich halte es für zutreffender, diese Staaten nicht als »non aligned«, sondern als »omni-aligned« zu charakterisieren. Es sind die Staaten, die im Zuge des geopolitischen Systemkonflikts zwischen China und dem Westen nicht nur ihre eigenen Interessenlagen, sondern auch ihre aus diesem Konflikt neu entstandenen Möglichkeiten erkannt haben, ihre Interessen durch kluges Jonglieren zwischen den Großkonflikt-Mächten zu befördern.

Ihre Interessenlage ist typischerweise dadurch gekennzeichnet, dass diese Staaten es sich mit keinem der Beteiligten des Großkonfliktes »verderben« wollen. Ganz im Gegenteil analysieren und definieren diese Staaten ihre eigenen Interessen danach, mit wem sie diese von Fall zu Fall am besten realisieren können. Das Ergebnis dieser eigenen Interessenbewertung kann für die Fragen, von wem man Energie, Waffen, Technologie, finanzielle Unterstützung oder wirtschaftliche Güter oder Sicherheit beziehen möchte, sehr unterschiedlich ausfallen. Diese Interessenbewertung ist keine kollektive Entscheidung, kein Beschluss einer Gruppe der Staaten des globalen Südens, sondern es sind Politikentscheidungen einzelner Staaten. Deren selektive und punktuelle Partnerwahl richtet sich auch danach, mit wem und in welcher Konstellation sicherheits- oder machtpolitische Interessen besser zu realisieren sind. Die Staaten in Südostasien sind ein gutes Beispiel. Sie möchten wirtschaftspolitisch weiter mit China zusammenarbeiten und von chinesischen Investitionen in ihrer Region profitieren. Gleichzeitig befinden sich viele der südostasiatischen Staaten in einem Territorialkonflikt mit China im

Südchinesischen Meer, der ihre Sicherheitsinteressen maß-geblich prägt. Hier setzen diese Staaten auf eine Präsenz der USA. Die Philippinen und Thailand haben sogar offizielle Militärbündnisse mit den Vereinigten Staaten geschaffen.

Die neue Relevanz der Staaten des globalen Südens ist entstanden, weil in einem geopolitischen Konflikt die Frage, welcher Konfliktbeteiligte mehr Partner, Verbünde-te und Freunde in der Welt hat, eine geopolitisch bedeut-same Machtfrage geworden ist. Dieses Interesse der Gro-ßen ermöglicht es den vielen mittleren und kleineren Staaten, ein an ihren eigenen Interessen ausgerichtetes, transaktionales Verhältnis zu pflegen. Der Perzeption die-ser äußerst heterogenen Gruppe von Staaten unter dem gemeinsamen Label »der globale Süden« kommt unter meh-reren Gesichtspunkten machtpolitische Bedeutung zu. Für diese Staaten führt der Begriff zunächst zu einer kollekti-ven Verstärkung ihrer jeweiligen Interessen. Ferner wohnt ihm eine gewisse moralische Aufladung inne, weil bei ihm das Thema Kolonialismus stets mitschwingt, was den Staaten des globalen Südens natürlich bewusst ist. Auch das ist Teil von Politik und ist ein Grund, weshalb China stets bemüht ist, sich in der selbst reklamierten Eigenschaft als Entwicklungsland als (Für)Sprecher des globalen Sü-dens zu profilieren. Diese in seiner öffentlichen Diplomatie angestrebte Rolle steht im krassen Gegensatz zu der Poli-tik Chinas, gerade diese Staaten in wirtschaftliche Abhän-gigkeiten und in der Folge unter politischen Einfluss zu bringen. Im Gegensatz zu dieser außenpolitischen Chuzpe Chinas schwingt bei deutschen und europäischen Politi-kern oft ein gewisses Schuldbewusstsein und eine mora-lische Überhöhung der Positionen der Staaten des globalen Südens mit. Dabei vertreten diese Staaten, die in den wenigsten Fällen Demokratien sind, in der Regel lediglich ihre Interessen.

Eine andere globale Implikation des geopolitischen Systemkonflikts hat besonders für Deutschland große Bedeutung. Die Rede ist hier von einer erheblichen Veränderung des Klimas und der Praktiken in den bilateralen und internationalen Handelsbeziehungen. Denn der Systemkonflikt drückt sich auch und nicht zuletzt in der Anwendung geoökonomischer Instrumente aus. Darunter ist der Einsatz wirtschaftlicher Instrumente zu verstehen wie etwa Handelsbeschränkungen, Exportkontrollen oder auch die Kontrolle ausländischer Investitionen, um politische Ziele zu erreichen. Da Verflechtungen und Abhängigkeiten in der neuen Welt des Systemkonflikts zugleich Verwundbarkeiten bedeuten können, ist das Bedürfnis der Staaten nach Protektion der eigenen Wirtschaft und des eigenen Landes gestiegen.

Hinzu kommt, dass der Freihandel von einem »Level Playing Field« lebt, das insbesondere von Seiten Chinas nie geschaffen worden ist. Indem die USA als zentraler Systemrivale, aber auch Europa darauf reagieren, entsteht die Gefahr einer Spirale des Protektionismus, der nur schwer wieder zu entkommen ist. Wirtschaftliche Abschottungen sind die Folge. Bezeichnend ist der Versuch Chinas, die sogenannte Zwei-Kreisläufe-Wirtschaft zu etablieren. Ob eine solche Trennung der Volkswirtschaft in zwei Kreisläufe gelingen kann, ist eine offene Frage und eher unwahrscheinlich. Aber der Versuch beschreibt die Tendenz, die in die internationalen Handelsbeziehungen auf beiden Seiten eingetreten ist.

Die deutsche Wirtschaft und unser Wohlstand basieren einerseits auf unserer starken Stellung im Welthandel, andererseits können auch wir uns nicht diesem Trend entziehen. Während der Amtszeit von US-Präsident Donald Trump wurden wir Europäer selbst zum Objekt von Strafzöllen auf Aluminium und Stahl. Unter Präsident Biden ergibt sich unsere Betroffenheit daraus, dass die USA so aktiv Industriepolitik betreiben und so stark restriktive ökonomische Instrumente wie Exportverbote gegenüber China einsetzen wie selten zuvor. In einem Aufsatz mit dem Titel »The Sources of American Power, A Foreign Policy for a Changed World« in der Zeitschrift »Foreign Affairs« im Jahr 2023 (Ausgabe Oktober/November) beschreibt der Nationale Sicherheitsberater von US-Präsident Biden, Jake Sullivan, das Konzept einer Außenpolitik, die der Mittelklasse dient. In aller Offenheit wird die wirtschaftliche Stärkung einer für die Stabilität der amerikanischen Gesellschaft entscheidenden Schicht als ein innenpolitisches Ziel von Außenpolitik benannt.

In diesen Zusammenhang fügt sich bruchlos ein wirtschaftspolitisches Leuchtturmprojekt der Regierung Biden ein, nämlich der Anfang 2023 in Kraft getretene und berühmt gewordene Inflation Reduction Act. Dieses Gesetz hat entgegen seines Namens nichts mit Inflationsreduzierung zu tun, sondern ist ein gigantisches protektionistisches Subventionsprojekt für Investitionen in grüne Technologien. Es sieht für zehn Jahre Budgethilfen von 370 Milliarden Dollar und zusätzliche, nicht gedeckte Steuervergünstigungen vor, die das Volumen insgesamt leicht auf über eine Billion Dollar anheben können. Der IRA ist wahrscheinlich in den USA der einzige praktische Weg, um zu einer klimaschonenden Wirtschaft zu kommen. Der US-Senator Sheldon Whitehouse, der für die Demokraten Mitglied im Haushaltsausschuss des Senates ist, hatte mir, während wir beide in einem dieser kuriosen Wägelchen der US Capitol Subway saßen, die zwischen den Büros der Kongressmitglieder und dem Kongressgebäude verkehren, bereits im Jahr 2022 erläutert, dass die Klimapolitik der USA praktisch allein über den Bundeshaushalt gemacht werden würde. Ich gebe zu, etwas verdutzt und ungläubig gewesen zu sein, weil ich mir Klimapolitik allein als Haushaltspolitik, mithin Subventionspolitik, nicht wirklich vorstellen konnte. Mit der Einbringung des IRA Ende 2022 war somit auch mein Vorstellungsvermögen erweitert worden. Die Lektüre des Gesetzes machte klar, dass es sich nicht nur um ein riesiges Subventionsgesetz, sondern auch um ein protektionistisches Gesetz handelt, das die amerikanische Wirtschaft fördert und schützt, indem nur Investitionen in den USA, nicht aber klimaverträgliche Importe in die USA erfasst sind.

Über Industriepolitik dieser Art hinaus geht als Teil amerikanischer Außenpolitik das, was man im Englischen »*economic statecraft*« nennt. Damit ist der Einsatz ökonomischer Instrumente zur Erreichung außenpolitischer Ziele gemeint, wofür es im Deutschen bezeichnenderweise nicht einmal eine direkte Übersetzung gibt. Dabei hat *economic statecraft* Konjunktur. Sie ersetzt zwar nicht *hard power,* dient aber vor allem im Westen dazu, die strukturelle Unwilligkeit zu kompensieren, in manchen Fällen auch fehlende Fähigkeit, *hard power* einzusetzen. Auch die chinesische Führung sieht große Vorteile darin, durch den Einsatz ökonomischer Mittel andere Staaten zu beeinflussen oder auch zu Wohlverhalten zu zwingen, und macht darum von *economic statecraft* systematisch Gebrauch. Das genau machen wiederum die USA gegenüber China, und zwar unter Biden so konsequent wie nie zuvor, auch nicht unter Trump.

Die Biden-Administration setzt nach dem von ihr ausgegebenen Prinzip der »small yards and high fences« vor allem auf gezielte Exportverbote, für die sie sicherheitspolitische Gründe anführt. Von dieser Politik sind insbesondere höchstentwickelte Halbleiter-Chips erfasst. Diese haben aber nicht nur für militärische Verwendungen Bedeutung, sondern sind allgemein essenziell für digitale Innovationen, Produktivitätssteigerungen und damit für die Entwicklung und das Wachstum einer Volkswirtschaft schlechthin. Zunehmend weitet die Biden-Administration ihre Handelspolitik auf Industrieprodukte zum Schutz amerikanischer Arbeitsplätze aus. So kündigte Biden im Frühjahr 2024 eine Verdreifachung der Zölle auf Stahlimporte aus China an.

Die Anwendung von *economic statecraft* in der amerikanischen Außenpolitik ist spätestens seit dem Krieg Russlands gegen die Ukraine ebenfalls ein fester Bestandteil der deutschen und europäischen Außenpolitik, vor allem gegenüber Russland. Damit ist noch nichts darüber gesagt, ob und inwiefern diese Politik konsistent und effektiv betrieben wird. Aber klar sind die beiden Komponenten in der deutschen und europäischen Politik gegenüber Russland, nämlich finanzielle und militärische Hilfe für die Ukraine und Sanktionen gegen Russland. Die Europäer wie die USA haben es richtigerweise von Anfang an für sich ausgeschlossen, in diesem Konflikt Kriegspartei zu werden.

Neben der Militärhilfe für die Ukraine soll *economic state-craft* dazu beitragen, den Krieg durch den Entzug wirtschaftlicher Mittel Russlands zum Scheitern zu bringen. Allerdings müssen auch hier die Halbherzigkeit und Inkonsistenz der Politik, die die Mitgliedstaaten im Rat der EU betreiben, kritisiert werden. Die Sanktionen gegenüber Russland sind zahlreich, und sie haben wirtschaftliche Wirkung. Sie sind gleichzeitig mit einem Zaun zu vergleichen, der von Vornherein nicht geschlossen errichtet wurde und im Übrigen erhebliche Löcher aufweist. Hinzu kommen die sehr unterschiedliche Um- und Durchsetzung der beschlossenen Sanktionen in den Mitgliedstaaten, die generell wegen der Mischung aus fehlendem Willen und fehlendem Personal als unzulänglich bezeichnet werden müssen.

Es ist vor allem die EU-Kommission, die *economic state-craft* für sich entdeckt hat und hier umfassend tätig wird. Sie hat sich für die erhebliche Intensivierung der Koordination von Exportkontrollen und Prüfung ausländischer Direktinvestitionen, die in der Kompetenz der Mitgliedstaaten der EU liegen, ausgesprochen. Die Forderung wird zwar stets allgemein formuliert, aber jedem ist klar, dass China gemeint ist. Auch der deutsche Bundeswirtschaftsminister Habeck sieht hier Änderungsbedarf.

Eine Notwendigkeit zum Handeln sieht die Kommission auch an der Schnittstelle zwischen Klima- und Außenwirtschaftspolitik. Durch ein $CO_2$-Grenzausgleichssystem (CBAM, Carbon Border Adjustment Mechanism), das ab 2026 an den EU-Außengrenzen gelten soll, will die EU verhindern, dass es zu Wettbewerbsverzerrungen kommt. Einfuhren in die EU werden mit einem Preis belegt, der dem $CO_2$-Preis für die inländische Produktion entspricht. Auf diese Weise soll sichergestellt werden, dass die Klimaziele der EU nicht untergraben werden, die Abwanderung $CO_2$-intensiver Industrien aus Europa verhindert und die saubere Industrieproduktion in Nicht-EU-Ländern gefördert wird.

Wir können also feststellen, dass die Entwicklung und Konjunktur von *economic statecraft* unmittelbar mit dem geopolitischen Systemkonflikt zwischen China und dem Westen sowie mit dem russischen Krieg in Europa verbunden sind. Diese Politik hat zunächst und in erster Linie eine sicherheitspolitische Motivation und Dimension. Aber zunehmend mischt sich handelspolitischer Protektionismus zum Schutz nationaler Unternehmen und Arbeitsplätze ein. Außerdem ist Sicherheit bei Weitem nicht mehr nur militärisch definierbar, sondern erfasst etwa die Sicherheit von Lieferketten und die Resilienz gegenüber handelspolitischen Sanktionen anderer Staaten. Das strategische Ziel der chinesischen Außenpolitik besteht in einem globalen Revisionismus und in der umfassenden Herausforderung der geopolitischen Rolle der USA. Es spricht darum sehr viel dafür, dass *economic statecraft* ein neues Paradigma in der Austragung internationaler Konflikte im Allgemeinen und des geopolitischen Systemkonflikts im Besonderen wird.

Dies wird unterstrichen, wenn man die Auswirkungen des geopolitischen Systemkonflikts auf den Schutz der globalen Güter analysiert, auf die alle angewiesen sind. Ob internationale Klima- oder Gesundheitspolitik, Ernährungs- oder Wasserpolitik oder der Schutz der Artenvielfalt – in all diese Gebiete spielt der grundlegende Systemkonflikt hinein, mal massiv, mal weniger stark. Dabei sind alle Staaten, ja, die Menschheit von diesen globalen Gütern abhängig. Trotzdem hat das politische Verhalten von Staaten in der Pandemie gezeigt, wie selbst eine globale Gesundheitskrise machtpolitisch genutzt wird und wie sich Abhängigkeiten in solchen Situationen auswirken. In Deutschland und in ganz Europa hatte sich die Abhängigkeit von China im Hinblick auf die Lieferung von Schutzmasken gezeigt. In Deutschland wurden für teures Geld Masken eingekauft, während China mit dem Verkauf von Masken erfolgreich Corona-Diplomatie betrieb. Deutschland verhängte zwischenzeitlich sogar ein Exportverbot für Atemmasken, was angesichts der sich in anderen Ländern zuspitzenden Corona-Situation zu heftiger internationaler Kritik führte. Das Verbot wurde schließlich aufgehoben, aber der Schaden war da schon angerichtet. Ähnlich verhielt es sich bei dem in Deutschland entwickelten Biontech-Impfstoff, der zunächst vor allem für die Bürgerinnen und Bürger Deutschlands verwendet und erst mit beachtlicher Verspätung für den internationalen Markt produziert wurde.

Deutschland trug das weltweit den moralischen Vorwurf eines unsolidarischen Egoismus und Protektionismus ein. Im Klima dieses Wettkampfes gelang es China erfolgreich, von der Frage abzulenken, welche Verantwortung das Land für die Entstehung des Virus trug. Die Frage, woher das Virus genau kam und wie es auf den Menschen überspringen konnte, ist bis heute nicht abschließend geklärt, weil China gegen alle Bemühungen unabhängiger Aufklärung energisch vorgeht.

In der internationalen Klimapolitik ist die Frage, welche kurz- bis mittelfristigen negativen Konsequenzen für das

Wachstum entstehen, wenn bestimmte klimaschonende Regulierungen erfolgen oder klimaschädliche Investitionen nicht erfolgen, nicht nur eine rein wirtschaftspolitische Frage. Die wirtschaftlichen Nachteile, die vorübergehend zur langfristigen Sicherung des Klimas in Kauf genommen werden müssen, haben auch eine geopolitische Dimension. Denn der wirtschaftliche Wettbewerb ist ein wesentliches Feld, auf dem sich der geopolitische Konflikt entfaltet. Die Akzeptanz von Politik hängt überall auch daran, ob Regierungen in der Lage sind, eine nachhaltige Wohlstandsentwicklung für die eigene Bevölkerung zu gewährleisten.

In China ist dieses Thema in besonderer Weise eine grundlegende Machtfrage. Dort kann man von einer unausgesprochenen Vereinbarung zwischen der politischen Führung des Landes und der Mehrheit der Bevölkerung sprechen. Diese besteht darin, dass das politische Machtmonopol der Kommunistischen Partei und der Staatsführung so lange hingenommen wird, wie diese das Versprechen erfüllen, dem Land eine beständige Wohlstandsentwicklung zu bieten. Die Erwartung ist, dass auch die in noch unterentwickelten Regionen Chinas lebenden Millionen Menschen aus der der Armut hinausgeführt werden und dass die Mittelschicht einem stetig wachsenden Wohlstand entgegensehen kann. Die wirtschaftliche Entwicklung des Landes ist also für die kommunistische Führung des Staates grundlegend. Diese Machtfrage kann auch in der nationalen und internationalen Klimapolitik Chinas nicht ausgeblendet werden, weil Erstere in der Hierarchie der politischen Ziele Chinas übergeordnet ist.

In diesen Zusammenhang fügt sich ein, dass in China inzwischen Klimapolitik in erster Linie als Energiepolitik, und zwar im Verständnis von Sicherheitspolitik betrieben wird. China ist ein Energieimportland, was die Führung des Landes als eine gefährliche Abhängigkeit betrachtet. Die konsequente Umstellung auf erneuerbare Energieversorgung dient dazu, diese Abhängigkeit zu überwinden. Gleichzeitig kann China mit der Entwicklung und Förderung von grünen Technologien und Produkten, verbunden mit den nötigen Rohstoffen, über die das Land verfügt, als globaler Energieversorger auftreten und bei anderen Staaten die Abhängigkeiten begründen, aus denen sich China selbst befreien will.

Wir sehen, dass sich die Bedeutung und Wahrnehmung von Interdependenz im Vergleich zu früheren Jahrzehnten grundlegend gewandelt hat. Interdependenz galt in der beginnenden Globalisierung in den 1990er-Jahren bis in die Mitte der 2010er-Jahre als Signatur einer neuen Zeit, die die Welt wohlhabender und sicherer macht. Der geopolitische Systemkonflikt mit China und der Krieg Russlands haben uns gelehrt, dass Interdependenz eben auch Dependenz, also Abhängigkeit und damit Verwundbarkeit, impliziert. Der Doktrin, dass diejenigen, die miteinander Handel treiben, nicht aufeinander schießen, ist die Politik der »weaponisation of interdependencies« gefolgt. Welch ein politischer, ja, kultureller Bruch. Nicht nur Institutionen wie die Welthandelsorganisation WTO sind ihr zum Opfer gefallen.

Gleichzeitig darf nicht übersehen werden, dass die erreichte globale Interdependenz der Systemrivalität Grenzen setzt. Ab einer bestimmten Grenze ist für jedes Land und für sein Interesse an der Versorgung mit Gütern und Dienstleistungen, der Erhaltung der äußeren Sicherheit sowie der inneren Stabilität eine Rücksichtnahme auf bestehende reale Interdependenzen jedenfalls ein ökonomisches Gebot. Die Verflechtungen der Weltwirtschaft konstituieren eine Realität, der man sich einseitig nur durch Inkaufnahme hoher Kosten entziehen kann. Noch jedenfalls brauchen sich alle gegenseitig, und noch hat keine Seite ein Interesse am Systemkollaps. Aber am Ende ist es eine Frage, welchen Preis man für ein politisches Ziel bereit ist zu bezahlen. Besondere Bedeutung hat in dieser Hinsicht die Integrität der Kommunikationsnetze, die etwa für Clearingstellen bei der Abwicklung der transnationalen Kapital- und Warenflüsse entscheidend ist. Zwar zielen die Bemühungen Chinas auch hier darauf ab, sich von dem bestehenden Netz, das erheblichem amerikanischem Einfluss unterliegt, zu emanzipieren und unabhängig zu machen. Hier ist aber mindestens noch ein sehr weiter Weg zurückzulegen. Wie mit Netzabhängigkeit umzugehen ist, um die Eskalation zwischen den USA und China zu vermeiden, bleibt deshalb für längere Zeit eine besondere Verantwortung der USA. Bislang sind sich die unterschiedlichen Regierungen der USA der Tragweite dieses Einflusses bewusst gewesen.

# TEIL 3
# KRIEGE UND DIE KRISE DER DEMOKRATIE DES WESTENS

# 1.
# DIE EROSION
# DER ORDNUNG

Die Kriege und die Kriegsgefahr, über die im vergangenen Kapitel gesprochen wurde, treffen den Westen in einer Zeit, in der sich die Demokratie in den westlichen Staaten in der Krise befindet. Die Krise der Demokratie besteht darin, dass der politische Kampf in den einzelnen Staaten nicht mehr ausschließlich im Rahmen der Regeln ausgetragen wird, die den Erfolg der westlichen Demokratie in der Nachkriegszeit begründet haben. Was ist damit gemeint? So zuweilen hart und grundsätzlich die Auseinandersetzungen zwischen den unterschiedlichen politischen Parteien und politischen Richtungen auch gewesen sein mögen, war es stets eine Auseinandersetzung innerhalb des demokratischen Systems und nicht gegen das System und seine konstitutiven Regeln. Die Achtung der demokratischen Grundregeln, wie zum Beispiel das Gewaltverbot, das Toleranzgebot gegenüber anderen Meinungen, die Respektierung von demokratischen Wahlergebnissen oder auch die Wahrung der Unabhängigkeit der Justiz als Hüterin der demokratisch-rechtsstaatlichen Ordnung, war selbstverständlich und wurde nie infrage gestellt.

Genau dies ist nun anders. Immer lauter und immer stärker werden extreme politische Parteien und politische Kräfte, die nicht mehr nur Kritik innerhalb des Systems üben, sondern das demokratische System und seine grundlegenden Regeln als solche herausfordern, unterminieren oder sogar attackieren. Dazu zählt auch, dass physische Gewalt gegen Andersdenkende ausgeübt wird. Die Diffamierung staatlicher Institutionen, die sich angeblich egoistische, nur an ihrer Macht und ihrem Vorteil interessierte Parteien »des Establishments« zur Beute machen würden, zählt überall und nebenbei schon immer zu dem Standardrepertoire der Agitation innerhalb der und gegen die demokratischen Staaten. Deren demokratische Grundordnungen garantieren die Freiheit des Andersdenkenden und stellen an den Nachweis der aktiven Verfassungswidrigkeit von Parteien zu Recht hohe verfassungsrechtliche Anforderungen. In Deutschland kombiniert die rechtsextreme AfD ihre Attacken gegen den demokratischen Rechtsstaat mit offener Sympathie für die kleptokratische Diktatur Russlands unter Putin. Auch die chinesische Staats- und Parteiführung darf sich des Wohlwollens dieser Partei sicher sein.

Diese inneren Herausforderungen der Demokratien verbinden sich mit den revolutionären Veränderungen, mit denen die Regierungen der westlichen Demokratien konfrontiert sind. Über Erfolg und Misserfolg im Umgang mit diesen Herausforderungen schulden die Demokratien ihren Bürgern gegenüber in ganz anderer Weise Rechenschaft, als dies für autokratisch-repressive Regierungen der Fall ist. In nie gekanntem Ausmaß und in neuer Gleichzeitigkeit werden unsere Gesellschaften durch technologische Disruptionen, die Erosion geopolitischer Ordnung sowie die Bedrohung der planetaren Lebensgrundlagen der Menschheit infolge des menschengemachten Klimawandels in die Zange genommen.

Die Erosion geopolitischer Ordnung bewirkt, dass wir

in einer historischen Zwischenzeit nach dem Ende einer Epoche und vor der Etablierung eines neuen internationalen Ordnungsgefüges leben. Der historische Zyklus, der die Nachkriegsepoche und die Phase der unangefochtenen unilateralen globalen Führungsrolle der USA nach dem Ende des Kalten Krieges umfasst, ist zum Ende gekommen. Eine neue internationale Machtarchitektur ist noch nicht entstanden. Die Zwischenphase ist die Zeit, in der die neue Machtverteilung ausgekämpft wird. Sie ist daher ihrem Wesen nach eine Phase der Unsicherheiten, die übrigens nicht kurz sein muss. Die Situation von Unsicherheit betrifft Staaten sowohl in ihrer inneren Verfassung als auch in ihren internationalen Beziehungen, aber auch die Menschen, die in diesen Staaten leben.

Die ebenso radikalen wie rasanten Veränderungen durch technologische Disruptionen, geopolitische Ordnungserosion und Klimawandel treffen Menschen auf ganz direkte, persönliche Weise in ihrem Beruf, in ihren Zukunftsperspektiven, ihrem sozialen Status. Sie erzeugen persönliche Unsicherheit und Ängste. Darum richten sich die Erwartungen der Menschen in solchen Phasen besonders an die Politik, für Orientierung, Sicherheit und Perspektive zu sorgen. Doch die Politik und das politische Personal haben Mühe, überhaupt intellektuell mit den rasanten Veränderungen und dem, was sie genau für die Gesellschaften bedeuten, Schritt zu halten, geschweige denn Erklärung und Problemlösung anzubieten. Die Menschen spüren die Kompetenzüberforderung der Parteien und des Personals gerade in den großen Fragen der Zeit, die ihnen Angst machen. Sie fühlen sich allein gelassen und nicht mehr vertreten.

In diese Repräsentationslücke springen die Populisten und Extremen und bieten für alle schwierigen Fragen einfache Scheinlösungen an. Sie verbinden das mit der systematischen Diffamierung staatlicher Institutionen und von deren Repräsentanten. Die politische Auseinandersetzung wird hässlicher und stößt besonders junge Menschen ab, deren Aufgeschlossenheit, Kompetenz und Zukunftsinteresse die Demokratien dringend benötigen. So entsteht eine Spirale, die die Demokratien nach unten zieht. Um es an dieser Stelle ganz klar zu sagen, unterbrochen werden kann und muss diese Spirale nur an einem Punkt: der Sach- und Führungskompetenz der Regierungen, der Parteien und ihres Personals, die auf der Seite der Demokratie stehen. So notwendig und wichtig sie ist, aber nicht die Bekämpfung der Extremen und Populisten als solche wird unsere Demokratie retten, sondern die in Sachkompetenz, Integrität und Courage gründende Bereitschaft zu politischer Führung in schwieriger Zeit ist der einzige Weg, die Abwärtsspirale des Vertrauens in die Demokratie umzukehren.

Die Symptome der Krise der westlichen Demokratie sind in ihrem äußeren Ausdruck durchaus unterschiedlich je nach den geschichtlichen Besonderheiten und politischen Systemen der einzelnen westlichen Staaten. Sie weisen aber bemerkenswerte strukturelle Gemeinsamkeiten auf. In allen Staaten des demokratischen Westens findet eine Erosion der politischen Mitte statt, die in der Nachkriegszeit die Parteien von Mitte-Links bis Mitte-Rechts umfasste. Antitotalitarismus war der staatstragende Konsens dieses Spektrums von Parteien. Auf der Basis dieses Grundkonsenses konnte sich ein politischer Wettbewerb entfalten, der für unterschiedliche Meinungen und Lager Identifikation ermöglichte und so Spannung mit Integration verband. Ein hohes Maß an politischer Stabilität und bruchfreie Veränderungen nach Wahlen waren die Gütezeichen dieser demokratischen Praxis. Mit der Erosion der Mitte geht der Aufstieg rechts- und linkspopulistischer bis extremer Parteien oder die radikale Veränderung bestehender traditioneller Parteien in diese Richtung einher.

Letzteres trifft etwa auf die Republikaner in den USA zu, die Grand Old Party des Landes. Früher war Donald Trump in dieser Partei ein chancenloser Außenseiter. Inzwischen ist die feindliche Übernahme der Republikanischen Partei durch Trump erfolgreich abgeschlossen. Diese Partei heute ist verglichen mit dem, was sie noch unter den letzten republikanischen Präsidenten, George Bush dem Älteren und George W. Bush gewesen war, eine völlig andere. Persönlichkeiten wie den inzwischen verstorbenen Senator John McCain, der das Interesse des Landes über parteipolitische Manöver stellte und den Präsidenten Barack Obama im eigenen Präsidentschaftswahlkampf öffentlich gegen persönliche Unterstellungen verteidigte, sucht man heute vergeblich. Auch ein ausgeprägt konservativer Präsident aus den Reihen der Republikaner wie Ronald Reagan würde seine Partei nicht mehr wiedererkennen. Selbst eine sonst zu Recht kontroverse Figur wie Dick Cheney, Vizepräsident unter George W. Bush, bezeichnet Trump als die größte Gefahr für die amerikanische Demokratie, die von einer einzelnen Person ausgehe. Wer sich gegen Trump stellt, hat in der Republikanischen Partei politisch keine Chance mehr. Immer mehr Republikaner, die nach Trumps Weigerung, die verlorene Wahl anzuerkennen, und dem damit verbundenen Sturm aufs Kapitol noch Entsetzen ausdrückten, sind mit der Zeit verstummt oder umgefallen.

Aber auch in den meisten europäischen Staaten haben sich die parteipolitischen Landschaften grundlegend verändert. Hier stechen besonders Italien mit dem kompletten Verschwinden der über Jahrzehnte die Politik des Landes prägenden christdemokratischen und sozialistischen Parteien und Frankreich heraus, wo sowohl die sozialistische Partei als auch die früheren Gaullisten nur noch ein Schatten ihrer selbst sind.

Mit diesen Veränderungen in den Parteienlandschaften gehen stilistische und inhaltliche Veränderungen zwangsläufig einher. In allen Ländern ist eine erhebliche Zunahme der Polarisierung zwischen Parteien und politischen Richtungen festzustellen. Auch hier stehen die USA an der Spitze der Entwicklung. Der Graben zwischen Republikanern und der Demokratischen Partei ist so tief und so hasserfüllt geworden, dass nicht mehr Wettbewerber und politische Gegner miteinander ringen, sondern Feinde. Für demokratische Verständigung und Kompromiss gibt es so gut wie keine Bereitschaft und keinen Raum mehr.

Dies hängt auch mit einer zweiten Entwicklung zusammen, bei der abermals die USA am stärksten betroffen sind, die aber auch in den europäischen Staaten mehr und mehr an Boden gewinnt. Diese Entwicklung besteht darin, dass politische Meinungen und Positionen zunehmend als Identitätsfragen verstanden werden, bei denen es ums Ganze und um die Wahrheit geht und die als solche dem Kompromiss nicht zugänglich sind. Es bleiben nur noch Sieg oder Niederlage, Kompromiss ist keine Option mehr. Mit entsprechender Unerbittlichkeit und teilweise mit Fanatismus werden dann Auseinandersetzungen geführt. Immer häufiger wird die Sachebene verlassen und der persönliche Angriff sowie die Diffamierung des politischen Gegners als Mittel gewählt. In Deutschland sind in letzter Zeit sogar körperliche Angriffe auf Politiker und Wahlkämpfer hinzugekommen.

Wenn und weil es um Identität und Wahrheit geht, stoßen nach dieser Auffassung auch das Prinzip und die Institutionen des Rechts an ihre Grenzen. Auch das Recht müsse in den Dienst dieser überragenden Güter von Identität und Wahrheit gestellt werden. Hier verbinden sich dann ideologische und machtpolitische Motive aufs Engste. Ein Beispiel hierfür in Europa war die PiS-Regierung in Polen, die inzwischen abgewählt wurde, und bis zum heutigen Tag die Regierung in Ungarn unter Ministerpräsident Orbán. Aber auch in den Äußerungen führender AfD-Politiker werden sowohl das demokratische Mehrheitsprinzip als auch die Unabhängigkeit der Justiz unter das bei dieser Partei maßgebliche Prinzip der völkischen Identität Deutschlands gestellt. Nicht mehr die Staatsangehörigkeit definiert das Staatsvolk, sondern in dem völkischen Nationalismus, der in dieser Partei von maßgeblichen Personen vertreten wird, zählt nur der »Herkunftsdeutsche« zum »wahren« Staatsvolk.

Diese Angriffe auf die liberale Demokratie von innen treffen mit den Disruptionen, Erosionen und Konflikten zusammen, die von außen auf die Demokratien des Westens einstürmen. Sie stehen dabei nicht nebeneinander, sondern beide Entwicklungen beeinflussen sich auf unterschiedliche Weise wechselseitig. Die beiden Kriege in der Ukraine und im Gazastreifen sind daher nicht »nur« ein

Hinzutreten von zwei weiteren Konflikten. Diese beiden Kriege sind vielmehr in sich die untrennbare Verbindung von äußeren und inneren Konflikten. Dies ist deshalb der Fall, weil beide Kriege unmittelbar in die meisten westlichen Gesellschaften stark hineinwirken. Diese Kriege verlangen nicht nur eine außenpolitische Antwort, sondern zugleich eine gesellschaftliche Stellungnahme. Im Fall der deutschen Gesellschaft liegt in der militärischen Unterstützung der Ukraine ein Paradigmenwechsel im Hinblick auf fest verankerte Grundhaltungen und Mentalitäten. Aber selbstverständlich löst diese Abkehr auch tiefgründige Kontroversen aus. Ebenso hat der Terror der Hamas und die israelische Gegenwehr in der Form des militärischen Einmarsches in den Gazastreifen mit zigtausenden von Toten zu heftigen Kontroversen, zu starker Solidarität mit Israel, zu Demonstrationen zugunsten der Palästinenser, aber leider auch zu antisemitischen Aggressionen, Gewalt und Straftaten geführt. Die beiden Kriege in der Ukraine und im Gazastreifen stellen daher schon in sich und erst recht zusammen mit den anderen beschriebenen Faktoren eine Zuspitzung der Bewährungsprobe dar, die die westlichen Demokratien zu bestehen haben. Und sehr viel spricht dafür, dass diese Bewährungsprobe erst begonnen hat.

# 2.
# ENTWICKLUNG UND INNERE HERAUSFORDERUNGEN DER DEMOKRATIE IN DEUTSCHLAND

Um die tiefgreifenden und gefährlichen Veränderungen im Zustand unserer Demokratie zu erfassen, ist es aufschlussreich, sich die Erfolgs- und Stabilitätsbedingungen der Demokratie in Deutschland zu vergegenwärtigen. Diese haben über Jahrzehnte hinweg gegolten. Den Kern des Erfolgsrezepts der Demokratie in Deutschland wie in allen demokratischen Staaten des Westens bildete ein funktionierender politischer Wettbewerb. Dieser Wettbewerb bestand zum einen in sachlichen, oft grundsätzlichen Kontroversen und daraus resultierenden politischen Debatten. Zum anderen gab es die unterschiedlichen Parteien, mit denen sich die meisten Bürger identifizieren konnten, weil sie die gegensätzlichen Richtungen unter Einschluss der mit ihnen verbundenen gesellschaftlichen Milieus verkörperten. Dieser Wettbewerb erzeugte also innerhalb des demokratischen Systems einerseits Spannung und ermöglichte andererseits Identifikation.

Dieser politische Mechanismus traf etwa auf die Entscheidung über die Wirtschaftsordnung im Nachkriegs-Deutschland zu: marktwirtschaftlich oder sozialistisch. Er setzte sich fort mit der Grundentscheidung über die Westintegration oder der Entscheidung für ein neutrales Deutschland, um so die Wiedervereinigung nicht zu gefährden. Eng verknüpft war damit die Frage des Ja oder Nein zur Wiederbewaffnung Deutschlands. Ende der 1960er-, Anfang der 1970er-Jahre ging es um die mit aller Härte ausgefochtene Grundsatzfrage, ob Entspannungspolitik gegenüber der DDR und den sozialistischen Ländern Osteuropas die neue Ostpolitik werden solle oder ob darin eine kontraproduktive Anerkennung kommunistischer Unterdrückung und Preisgabe unverzichtbarer gesamtdeutscher Rechtspositionen liege. Die nächste große Auseinandersetzung, die Lager von Zustimmung und Ablehnung schuf, war die NATO-Nachrüstung Anfang der 1980er-Jahre. Sie führte mit zum Ende der sozial-liberalen Koalition und zum Wechsel der FDP in eine Koalition mit der CDU/CSU. Diese setzte dann unter dem christdemokratischen Bundeskanzler Helmut Kohl die Entscheidung für die Nachrüstung durch. So kontrovers und hart die damalige gesellschaftliche und politische Auseinandersetzung um die NATO-Nachrüstung auch war, bewies das politische System der Bundesrepublik Deutschland seine herausragende politische Integrations- und Stabilitätsfunktion.

In den 1970er-Jahren hatte sich eine beachtliche Umweltbewegung entwickelt, die sich politisch Anfang der 1980er-Jahre mit der Friedensbewegung verband. Beide Bewegungen waren sowohl thematisch als auch im Hinblick auf die in ihnen aktiven sozialen Milieus weder bei einer der Parteien der sozial-liberalen Regierung noch in der damaligen Opposition von CDU und CSU in relevanter Weise repräsentiert. Die große gesellschaftliche Kontroverse um die NATO-Nachrüstung machte diese Repräsentationslücke so relevant, dass der Partei Die Grünen als Repräsentantin der Umwelt- und Friedensbewegung eine

Sensation im damaligen parlamentarischen System der Bundesrepublik Deutschland gelang. Zum ersten Mal seit der Gründung der Bundesrepublik Deutschland im Jahr 1949 erreichte eine Partei, die bislang nicht im Bundestag vertreten war, mehr als fünf Prozent der Zweitstimmen, zog damit in den Deutschen Bundestag ein und erweiterte das jahrzehntelange Drei-Fraktionen-System zu einem Vier-Fraktionen-System.

Wenn wir uns heute an die Grünen als eine dezidiert pazifistische Partei erinnern und einen Vergleich mit ihrer heutigen Außen- und Sicherheitspolitik vor allem in der Frage des Krieges Russlands gegen die Ukraine anstellen, dann finden wir einen eindrucksvollen Beleg für die gesellschaftliche Absorptions- und politische Integrationsfähigkeit der parlamentarischen Demokratie in Deutschland. Gerade in dieser Flexibilität und der Anpassungs- und Aufnahmefähigkeit gegenüber gesellschaftlicher und thematischer Veränderung lag die Stärke der deutschen parlamentarischen Demokratie in der damaligen politisch-gesellschaftlichen Verfassung.

Es darf darüber hinaus aber nicht vergessen werden, dass zu der Entwicklung demokratischer politischer Stabilität in Deutschland die verlässliche, praktisch ununterbrochene Wohlstandsentwicklung über Jahrzehnte hinweg in wesentlichem Maße beigetragen hat.

Mit der deutschen Wiedervereinigung und dem Ende des Ost-West-Konfliktes trat schließlich eine Entwicklung hinzu, mit der sich auch hinsichtlich Sicherheit und Frieden in Europa alles in Wohlgefallen aufzulösen schien. Es folgten die besten Jahre, die Deutschland und Europa je erlebt hatten, vereint in Freiheit und in Frieden. Zur Wahrheit gehört jedoch auch, dass in dieser Zeit auf Kosten von Sicherheit, Wohlstand und den natürlichen Grundlagen künftiger Generationen gelebt wurde. Politisch hat sich in dieser Zeit eine Bequemlichkeit eingeschlichen, die dazu führte, dass dringend notwendige Reformen und Investitionen nicht stattgefunden haben. Mit den Folgen werden wir in vielerlei Hinsicht heute konfrontiert.

Denn in den auf die deutsche Wiedervereinigung folgenden 25 Jahren hat sich schleichend, aber unaufhaltsam eine völlig neue Realität, eine neue Welt entwickelt. Disruptive Technologien, eine nationale Gestaltungsmacht auflösende Globalisierung, Klimawandel, Migration sowie die Erosion internationaler Ordnung bilden eine neue Qualität von Herausforderungen, die über die traditionelle, national-basierte Organisation politischer Diskussion und Verantwortung hinwegschreiten. Demokratie besteht in der Legitimierung und der Kontrolle von Macht. In dem Maß, in dem sich staatliche Macht im Zuge der Globalisierung sowohl entnationalisiert als auch privatisiert, verliert die Demokratie ihren zentralen Gegenstand. Die Selbstbehauptung der Demokratie kann auch nicht einfach durch Re-Nationalisierung von Macht gelingen, weil die maßgeblichen Realitäten eben nicht mehr national sind, sondern wie die digitalen Technologien oder Klimawandel und Migration globale Wirklichkeiten als Gegenstand von Politik bilden. In den besten zweieinhalb Jahrzehnten nach 1990, die Deutschland und Europa je erlebt haben und von denen man allgemein annahm, dass das Erreichte ungefährdet sei, hat sich langsam und schleichend eine Realität entwickelt, die die Demokratien des Westens in einer historisch ganz neuen Weise, ja, existenziell, herausfordert.

Mit dieser neuen, revolutionären Wirklichkeit sind nun in den Demokratien des Westens die Akteure der Demokratie konfrontiert, vor allem also die politischen Parteien, deren politische Sozialisation in der Nachkriegszeit und der Zeit nach dem Ende des Kalten Krieges mit so großem Erfolg geprägt worden ist. Das haben zwar die traditionellen Parteien mit den meisten Bürgerinnen und Bürgern gemein, der Unterschied liegt nur darin, dass die Bürgerinnen und Bürger – wie es der Sozialisation in der »alten« Zeit entspricht – von den Parteien als Dienstleister die Lösung der heutigen Probleme erwarten. Sie tun es zu Recht, denn dafür sind Parteien da. Dennoch erklärt die Situation vor allen Dingen zweierlei. Sie erklärt, dass die Parteien, wenn sie in der neuen Zeit überleben und Erfolg haben wollen, vor einer unglaublichen Herausforderung in der Entwicklung ihrer Kompetenz stehen, die modernen Probleme zu verstehen und Lösungsansätze zu erarbeiten.

In dem Maße, in dem sich einzelne Parteien in ihrer Programmentwicklung als veränderungsunfähig erweisen, werden sie unbedeutend werden und verschwinden. Dieser Prozess wird dadurch verstärkt, dass im Zuge der Auflösung starker gesellschaftlicher Milieus die Wahl und die Unterstützung von Parteien aufgrund der Milieuzugehörigkeit immer schwächer geworden sind und weiter zurückgehen werden. Entsprechend nimmt die Zersplitterung des Parteiensystems zu. Die Parteien brauchen für ihre programmatische Anpassung an die neuen Probleme also vor allem den politischen Willen hierzu. Allerdings stehen sie inzwischen unter Zeitdruck. Von Parteien wird erwartet, dass sie lösungskompetent sind. Parteien präsentieren sich gegenüber ihren Wählerinnen und Wählern auch genau so: allwissend und ohne Zweifel.

Allerdings haben Wählerinnen und Wähler ein ausgeprägtes Empfinden dafür, wie es um die Kompetenz der Parteien und ihres Personals steht. Nach allen Umfragen sieht es hier für die Parteien in Deutschland ungünstig aus. Sie haben durch die Bank und bei fast allen Themen schlechte Kompetenzwerte. Aus ebendieser Kompetenzlücke ergibt sich – je größer sie wird und je länger sie dauert, desto mehr – eine Repräsentationslücke im politischen System. Die Menschen merken, mindestens im Laufe der Zeit, dass zwischen dem Anforderungsniveau der neuen Probleme und dem Leistungsniveau der Parteien eine erhebliche, besorgniserregende Lücke klafft.

In dieser Lücke zwischen der Wahrnehmung der Menschen von Problemen, die sie persönlich betreffen und in ihrem Status bedrohen, und der Einschätzung der Kompetenz der Parteien, sie vor diesen Gefahren und dem drohenden Verlust wirkungsvoll zu schützen, entsteht für die westlichen Demokratien eine lebensgefährliche Situation. Denn zum einen sind die Erwartungen der Bürgerinnen und Bürger ja berechtigt, und die zu geringe Leistungsfähigkeit der Parteien ist in erheblichem Maße von diesen selbst verschuldet. Zum anderen geschieht an dieser Stelle das, was immer passiert, wenn sich ein Machtvakuum ergibt. Es wird von anderen und einem neuen Geschäftsmodell ausgefüllt.

Die »anderen« sind die Populisten und politischen Extreme. Deren Geschäftsmodell ist immer die einfache Antwort und das Spiel mit den Emotionen der Menschen. Die einfache Antwort, die zum Beispiel Trump gibt, lautet

MAGA = Make America Great Again. Auch die zentrale Verheißung des Brexits bestand darin, dass die vermeintlich gute Vergangenheit, die gute alte Zeit, einfach zurück in die Gegenwart und die Zukunft geholt werden müsse. Der verheißungsvollste Slogan des Brexits war: »Take back control. Take back control over our laws and borders.« Seither plagt sich die britische Regierung vergeblich damit, Flüchtlingen Einhalt zu gebieten, die mit Schlauchbooten und der Hilfe von Schleppern von Frankreich aus den Ärmelkanal überqueren. Ein anderer typischer Ansatz besteht darin, bestehende Probleme einfach zu leugnen. In diesem Sinne werden die Probleme, die durch den Klimawandel entstehen, dadurch gelöst, dass behauptet wird, der Klimawandel fände gar nicht statt. Oder nehmen wir die Außen- und Sicherheitspolitik: Hier beginnt die Antwort von AfD, BSW und Linken auf Russlands völkerrechtswidrigen Angriffskrieg gegen die Ukraine mit der Verweigerung der Realität, nämlich dass Putin nicht verhandeln will, und reicht bis zur offenen Anbiederung an den Aggressor. Natürlich ist es verführerisch, wenn Parteien versprechen, dass das Sterben morgen aufhören könnte. Wer würde das nicht wollen? Am meisten wünschen sich das die Ukrainerinnen und Ukrainer. Nur wie ist das zu erreichen und zu welchem Preis? Eben nicht mit der Selbstaufgabe der Ukraine oder der Illusion, Putin mit Verhandlungen und Konzessionen befrieden zu können.

Typisch ist auch, eine Gruppe von Menschen zu identifizieren, die als Grundübel und als Verursacher der meisten Probleme dargestellt werden. Es ist historisch alles andere als eine Überraschung, dass hierfür die Fremden, die Zuwanderer, die Immigranten ausgewählt werden. Es ist beschämend und fürchterlich zu sehen, dass in der Folge des Gaza-Krieges vor allem in den Großstädten und an den Universitäten in den westlichen Ländern Jüdinnen und Juden, die bei uns und mit uns leben, Objekte von Hass und Gewalt werden, und zwar nur weil sie Juden sind.

Die Menschen, die die Einheimischen nicht kennen, die möglicherweise anders aussehen, aus einer anderen Kultur stammen, einen anderen Glauben haben und die vor allem etwas von uns haben wollen, diese Menschen haben sich für politische Agitation und die Behauptung, wenn es schon nicht für jedes Problem eine Lösung gebe, dann aber doch wenigstens einen Schuldigen, schon immer geeignet.

Aber diese einfachen Antworten lösen nicht ein einziges Problem. Die meisten Menschen wissen das zumindest unterbewusst. Krisen sind eigentlich fast immer Phasen der Exekutive, in denen die Zustimmungswerte der regierenden Parteien steigen. Ein gutes Beispiel ist die Anfangsphase der Coronapandemie. Die CDU stand in dieser Zeit bei vierzig Prozent, und die AfD stürzte in den Umfragen ab. Das große Vertrauen der Menschen lässt sich durch die Art und Weise erklären, wie zunächst politisch reagiert und kommuniziert wurde. Es wurde ehrlich gesagt, was wir wissen, und vor allem auch, dass wir vieles noch nicht wissen und welche Maßnahmen sich daraus ergeben. Leider wurde diese klare und ehrliche Kommunikation nicht durchgehalten.

Diese Entwicklungen sind in den westlichen Demokratien im Fluss. Manche alte Parteien sind verschwunden, manche neue Parteien sind entstanden und sogar mit politischer Macht ausgestattet worden. Die Zunahme und der Erfolg von populistischen und extremen Parteien bei den

Wahlen gehen weiter voran. Gleichzeitig ist sehr viel bürgerschaftliches Engagement sichtbar, die demokratischen Werte und die demokratischen und rechtsstaatlichen Institutionen zu verteidigen und für sie einzutreten. In keinem Staat ist der Kampf bereits entschieden, nirgendwo verloren, und auch die abermalige Wahl von Trump zum Präsidenten der Vereinigten Staaten von Amerika wäre nicht das Ende der amerikanischen Demokratie. Aber sie würde gewiss einen Kampf um den Fortbestand und die Integrität der demokratischen Institutionen und der Regeln des Landes einläuten. In diese Phase der Bestandsprobe der westlichen Demokratien fallen nun die Rückkehr des Landkrieges nach Europa sowie der Angriff der Hamas auf Israel und der darauffolgende Gaza-Krieg.

# 3.
# HERAUSGEFORDERT VON INNEN UND AUSSEN: DIE WESTLICHEN DEMOKRATIEN IN DER ZANGE

## Krieg als Epochenbruch

Die Nachkriegsordnung ist vorüber. Ein großer, prägender historischer Zyklus ist zum Ende gekommen. Wann ist es dazu gekommen? Es gibt einige Jahreszahlen, über die man streiten kann. Im Urteil vieler Mittel- und Osteuropäer dürfte der Fall des Eisernen Vorhangs das Ende der Nachkriegszeit markieren. Das war der Einschnitt, der nicht nur das Ende des Warschauer Paktes, den Zerfall der Sowjetunion, das Ende des Ost-West-Konfliktes, sondern auch die Unabhängigkeit der mittel- und osteuropäischen Staaten einleitete. Für die Mittel- und Osteuropäer hat sich damit alles verändert. Auf die westeuropäischen Staaten trifft das nicht in vergleichbarer Weise zu. Zwar begründete selbstverständlich auch für den Westen das Ende des Ost-West-Konfliktes eine fundamentale Veränderung. Aber es bedeutete gleichzeitig für den Westen vor allem Kontinuität. Denn normativ und politisch entschieden sich ja die mittel- und osteuropäischen Gesellschaften und Staaten für den Westen, für Europa, für Menschenwürde, Demokratie und Rechtsstaatlichkeit. Betroffen von Veränderungen war also der Osten, im Westen herrschte Kontinuität.

Im Westen kam daher auch nicht das Gefühl von Epochenbruch auf, sondern es war ein Übergang. Der überwundene Ost-West-Konflikt mündete in eine europäische Friedensordnung, in ein Europa, das zum ersten Mal in der Geschichte vereint, frei und in Frieden mit sich selbst schien.

Ein anderes Jahr, auf das man das Ende der Nachkriegszeit als Epochenbruch datieren könnte, ist das Jahr 2014, in dem Russland die Krim und damit ein Territorium eines anderen, souveränen Staates, nämlich der Ukraine, annektierte und gleichzeitig im östlichen Teil dieses souveränen Staates militärisch intervenierte. Putin hatte damit der europäischen Friedensordnung, von der viele nach dem Fall des Eisernen Vorhangs dachten, dies sei nun die »ewige Friedensordnung Europas«, definitiv das Ende bereitet. Die gewaltsame völkerrechtswidrige Verletzung der fundamentalen Prinzipien des Völkerrechts, der Souveränität eines Staates sowie der Integrität seiner Grenzen, mit dem Ziel, Teile des fremden Staatsgebietes zu erobern und dem eigenen Staatsgebiet einzuverleiben, stellte ein Vorgehen dar, das nicht nur in krassem Gegensatz zu der europäischen Friedensordnung stand und diese beendete, sondern das auch unter den Bedingungen des Kalten Krieges völlig unvorstellbar gewesen wäre. Im Hinblick auf dieses objektive Geschehen wäre es also gerechtfertigt, das Ende der Nachkriegszeit als Epochenbruch auf das Jahr 2014 zu datieren.

Allerdings hat Epochenbruch nicht nur eine objektive historische Dimension, sondern man wird von ihm nur sprechen können, wenn auch eine allgemeine Wahrnehmung, ein allgemeines Bewusstsein davon herrscht, dass das objektive historische Geschehen einen Epochenbruch darstellt. Das kann man in dieser Allgemeinheit von den Ereignissen des Jahres 2014 nicht sagen. Denn die politische Reaktion und die Einordnung in das Bewusstsein dieser Ereignisse unterschieden sich erneut zwischen Ost und West fundamental. Den Mittel- und Osteuropäern war die historische Dimension des Geschehens sofort klar. Sie verstanden den einmaligen Völkerrechtsbruch Putins auf europäischem Territorium im 21. Jahrhundert richtigerweise als die Ankündigung einer unmittelbaren Bedrohung auch ihrer eigenen nationalen Sicherheit. In Westeuropa und vor allem in Deutschland kehrte man nach einer relativ kurzen Phase der heftigen Empörung über das Vorgehen Putins zu den alten verbalen, diplomatischen und politischen Verhaltensmustern gegenüber Putin und Russland zurück. Gegen jede Evidenz des objektiven Geschehens herrschte ein stures Festklammern an alten Verhaltensmustern vor. Die Bundesregierung und die deutsche Politik in ihrer Mehrheit brachten nicht die Kraft auf, sich von ihren Illusionen zu trennen, obwohl sie ganz offensichtlich an neuen Realitäten endgültig zerschellt waren. Eine Folge der politischen Realitätsverweigerung der deutschen sowie der westlichen Regierungen bestand darin, dass sich auch in den Gesellschaften und in der Öffentlichkeit kein allgemeines Bewusstsein von dem epochalen Charakter der Ereignisse des Jahres 2014 entwickeln konnte.

Der unstrittige Epochenbruch in der europäischen Geschichte erfolgte am 24. Februar 2022, an dem Tag, an dem Russland den völkerrechtswidrigen Angriffskrieg auf die Ukraine startete. Dieses Datum markiert das Ende der längsten Friedensepoche, die es bislang in der Geschichte Europas gegeben hat. Dieser Tag bedeutet die Rückkehr des

Landkrieges nach Europa, wie er über viele Jahrhunderte Europa und die europäische Geschichte geprägt hatte, aber eben auch im Bewusstsein der unvorstellbaren Schreckensdimensionen der beiden Weltkriege in der ersten Hälfte des 20. Jahrhunderts als überwunden angesehen wurde. Dass die Europäer unter Einschluss Russlands ihre historische Lektion gelernt und Lehren aus der Geschichte gezogen hatten, schien spätestens nach dem Ende des Ost-West-Konfliktes eine historisch ausgemachte, irreversible Sache zu sein.

Aus diesem Grund bedeutet der Krieg Russlands gegen die Ukraine nicht nur einen Einschnitt, sondern er wirft eine für historisch erledigt geglaubte Frage neu auf: Wird Krieg wieder Mittel der europäischen Außenpolitik im 21. Jahrhundert? Die Antwort hängt davon ab, ob der Krieg Erfolg haben wird. Wenn er Erfolg hat, wird er bleiben und wird Schule machen, und zwar nicht nur in Europa, sondern darüber hinaus. Das Schlachtfeld dieses Krieges ist die Ukraine, aber es geht um die Sicherheit und den Frieden und den Wohlstand für ganz Europa. Weil das so ist, ist dieser Krieg eine europäische Angelegenheit mit der Besonderheit, dass es allein das Territorium der Ukraine ist, auf dem dieser Krieg tobt, und es allein die Ukrainer sind, die diesen Verteidigungskrieg führen müssen und sterben.

An der Bedeutung des Ausgangs dieses Krieges für Europa, und zwar für das Schicksal Europas in den nächsten Jahren und Jahrzehnten, ändert das nichts. Der großen Mehrheit der Deutschen wie auch den allermeisten Menschen in den europäischen Gesellschaften ist dies bei aller Unzulänglichkeit der Politik der meisten europäischen Regierungen bewusst. Dieser Krieg hat darum auch in der

deutschen Gesellschaft zu einem Paradigmenwechsel geführt, wie die Mehrheit der Deutschen auf Sicherheit, militärische Fähigkeiten und auf Waffen- und Munitionslie-
ferungen an die Ukraine schaut. Äußere Sicherheit ist im
Urteil der deutschen Bevölkerung zu einer Priorität der
Politik geworden. Die Deutschen wissen in ihrer großen
Mehrheit um den wirklichen Ernst, die moralische und die
historische Dimension des Geschehens; ihnen ist klar, dass
sich Deutschland, Europa und der Westen auf diese Lage
völlig neu einstellen müssen.

Die historische Veränderung, die die Rückkehr des
Landkrieges nach Europa bedeutet, trifft Deutschland, die
anderen europäischen Staaten und Amerika in einer Zeit,
in der unsere Gesellschaften und Staaten in einer noch
nicht gekannten Gleichzeitigkeit und Komplexität unter
dem Druck von Krisen stehen. Zu dieser revolutionären
Veränderungsdynamik, mit der alle Staaten in unserer Zeit
konfrontiert sind, ist für den Westen und vor allem für die
Europäer ein weiteres revolutionäres Element hinzugetre-
ten, nämlich die Rückkehr des Landkrieges nach Europa.

Der Krieg tritt aber nicht nur einfach als weitere Herausforderung hinzu, sondern es ergeben sich Interaktionen
und Konkurrenzen mit den anderen Herausforderungen,
die unsere Demokratien unter Druck setzen. Gerade weil
der Problemdruck von starker Migration, dem fortschreitenden Klimawandel, von fiskalischen Engpässen in vielen
Staaten, von schwachem Wirtschaftswachstum und erheblich gestiegenen Lebenshaltungskosten, die große Teile
der Bevölkerungen belasten, bleiben wird, wird die Frage,
wie der Krieg beendet werden soll und was dafür aufge-
wendet werden muss, zu einer überragenden, zentralen

innenpolitischen Auseinandersetzung werden. Die politische und gesellschaftliche Auseinandersetzung wird zu einer Symbiose von innenpolitischen und außenpolitischen Dynamiken, ja, von Innenpolitik und Außenpolitik schlechthin werden, wie wir das noch nicht gekannt haben. Die unterschiedlichen Antworten auf die Frage danach, was die Priorität, den Krieg nachhaltig und dauerhaft zu beenden, wirklich und konkret bedeutet, werden in Deutschland sowohl die politische und parteipolitische Landschaft als auch die Zukunft und das Schicksal unseres Europa für Jahre und Jahrzehnte prägen.

## Die deutsche Politik im Epochenbruch

Wie die Frage von Krieg und Frieden in Europa die parteipolitische Landschaft in Deutschland verändert, zeichnet sich bereits deutlich ab. Rechtsaußen gibt es eine Pro-Putin-Partei, die AfD, die konsequent die Unterstützung der Ukraine ablehnt. Letzteres ist auch die Position der umfassend populistischen Wagenknecht-Partei BSW, eine Abspaltung der Linkspartei, die inhaltlich aus einer neuen Komposition von Links- und Rechtspopulismen besteht. Die Veränderung der deutschen Parteienlandschaft wird deutlich, wenn man die Zustimmungswerte für beide Parteien in den Umfragen addiert, was zwischen 20 und 25 Prozent ergibt, allerdings mit erheblichen regionalen Unterschieden. Dies entspricht dem Anteil, der grundsätzlich den Kurs der militärischen, finanziellen und politischen Unterstützung der Ukraine ablehnt.

Für die klare Gegenposition stehen die Oppositions-parteien CDU und CSU sowie die Regierungsparteien Die Grünen und die FDP. Diese vier Parteien stimmen etwa in der Forderung, dass Deutschland den Marschflugkörper Taurus an die Ukraine liefern solle, überein. Die Härte der Kritik an der ablehnenden Position des Bundeskanzlers zu Taurus-Lieferungen unterscheidet sich praktisch nicht. Das Gleiche gilt im Hinblick auf den Vorschlag des SPD-Fraktionsvorsitzenden im Bundestag Rolf Mützenich, es müsse auch eine Diskussion darüber geführt werden, ob und wie der Krieg Russlands gegen die Ukraine »eingefro-ren« werden könne, um so zu einer politischen Lösung zu gelangen. In allen vier Parteien, CDU, CSU, Die Grünen und FDP, ist dieser Vorschlag vehement zurückgewiesen worden, weil er die mit Gewalt verschobenen Grenzen hin-nehme, die Menschen in den besetzten Gebieten im Stich lasse und auch kriegstaktisch nur dem Interesse Putins diene. Die SPD-Bundestagsfraktion hingegen hat sich hin-ter ihrem Fraktionsvorsitzenden versammelt und ihm den Rücken gestärkt. Während der Kanzler erneut schwieg, war es einzig Verteidigungsminister Boris Pistorius, der Rolf Mützenich dezidiert widersprach – zum Missfallen seiner Partei.

Es ist aber gleichzeitig die Kanzlerpartei SPD, unter deren Regierungsführung Deutschland in den Jahren 2022 und 2023 immerhin Militärhilfe unter Einschluss der Ab-gabe von Waffensystemen und Material aus dem Bestand der Bundeswehr von gut zehn Milliarden Euro an die Ukraine geleistet hat. Zwar oft spät und insgesamt weniger als möglich und nötig, aber doch unbestreitbar ein beacht-licher Betrag. Die SPD ist damit die Partei der deutschen

Uneindeutigkeit, stärker im Reden als im Handeln und im Handeln nicht im Reinen mit sich selbst, was keiner so authentisch zum Ausdruck gebracht hat wie ihr Fraktionsvorsitzender Mützenich in seiner Bundestagsrede am 14. März 2024.

Über die Veränderungen in der Parteienlandschaft hinaus besteht in Deutschland eine Besonderheit in der politischen Landschaft, die hier nicht unerwähnt bleiben darf. Gemeint ist der signifikante Unterschied in den Sichtweisen und Haltungen zum Krieg Russlands und zur Unterstützung der Ukraine zwischen Westdeutschen und Ostdeutschen. Im Bewusstsein der sprachlichen Ungenauigkeit dieser Bezeichnungen ist festzustellen, dass die Ostdeutschen im Unterschied zu den Westdeutschen der Unterstützung der Ukraine durch Deutschland überwiegend ablehnend gegenüberstehen. Auch Haltungen und Sichtweisen im Kontext dieser Frage – etwa zur NATO, den USA oder zur Bewertung Russlands und Putins – differieren erheblich. Die Zustimmungswerte für die AfD und die Wagenknecht-Partei BSW sind deutlich höher als in Westdeutschland.

Es ist hier nicht der Raum, diesem Thema grundlegend nachzugehen. Aber auf zwei Aspekte möchte ich hinweisen. Der eine ist der eklatante Mangel an Dialog, den es in einer so grundsätzlichen Frage mit so großen Meinungsunterschieden geben müsste. Gerade weil es sich um eine Identitätsfrage für ganz Deutschland handelt, ist es für den Zusammenhalt des Landes gefährlich, hier nicht durch Dialog zu versuchen, mindestens das wechselseitige Verstehen zu verbessern. Es ist die Aufgabe von Parteien, dorthin zu gehen, wo der Widerspruch am größten ist, jedenfalls dann, wenn es um den Zusammenhalt des Landes geht. Das mag bisweilen unangenehm sein, aber die Differenzen können weder durch Schweigen noch dadurch gelöst werden, dass man sich aus dem Weg geht. Irgendwann finden sie immer den Weg an die Oberfläche.

Dem Verstehen gilt mein zweiter Hinweis, weil es in Westdeutschland und Ostdeutschland hierfür unterschiedliche historische Hintergründe gibt. Die Rückkehr des Landkrieges nach Europa und unsere daraus resultierende Betroffenheit in Deutschland sind eine extreme Form, aber eben nur eine der zahlreichen revolutionären Veränderungen, der vielen Menschen den Boden ihrer alten Gewissheiten und vermeintlichen Sicherheiten unter den Füßen wegzieht. Gerade aber darin, was »revolutionäre Veränderung« ganz persönlich bedeutet, haben viele Ostdeutsche eine andere Biografie als die Westdeutschen, entweder durch unmittelbares Erleben oder vermittelt durch die Familie. Für viele Ostdeutsche war entgegen ihrer Erwartungen mit dem Fall der Mauer eine fundamentale Verlusterfahrung verbunden. Es stellte sich für viele relativ schnell heraus, dass bei allen Vorteilen, aller Unterstützung, allen neuen Freiheiten von dem Bisherigen praktisch alles nichts mehr wert war, der Betrieb, die eigene Arbeit, die Ausbildung, der soziale Status. Diese Erfahrung sitzt bei vielen tief. Sie wird nicht dadurch obsolet und vergessen, dass die vergangenen dreißig Jahre nicht nur insgesamt, sondern in sehr vielen individuellen Lebensläufen eine unglaublich positive Erfolgsgeschichte bilden.

Die Grunderfahrung von Verlust wird gerade jetzt, in einer Zeit der Umbrüche, der Gefährdungen, des Infragestellens von so vielem, worauf Sicherheit und Status beruhten, aktiviert. Die Angst vor neuerlichem Verlust, davor, dass das, was man sich aufgebaut hat, wieder bedroht, genommen oder wertlos wird, ist vorhanden. Es ist menschlich, in solchen Situationen mit der Ablehnung von Veränderungen und von neuen Realitäten zu reagieren. Der Krieg in Europa ist eine neue Realität. Man kann sich einbilden, dass er uns in Deutschland nicht betrifft und wir ihn fernhalten, indem wir uns heraushalten. Diese Illusion zu nähren ist das politische Geschäftsmodell von AfD und Wagenknecht. Das ist keine Überraschung. Umso mehr müssen bei allen Differenzen im Einzelnen die Parteien aus dem Verantwortungsspektrum unseres Landes gegen den Missbrauch von Ängsten, die die Menschen in Ost und West haben, angehen und sich eine eigene Vertrauensbasis erarbeiten.

Denn im Streit steht eine ultimative historische Weichenstellung, es geht um Scheitern oder Erfolg von Krieg und darum, wie wir – Deutsche, Europäer und der Westen – unseren Willen, unsere Verantwortung, ja, letztlich uns selbst in dieser Frage definieren. Es ist vor allem für uns Deutsche und für die Europäer die Frage danach, wer und was wir in dieser Zeit der Bestimmung über unser eigenes Schicksal sein wollen.

Der Angriffskrieg Russlands gegen die Ukraine hat keine neue Epoche begründet. Er ist der ultimative Epochenbruch. Er bildet ein Ende, das Ende der Nachkriegsepoche. Er ist noch nicht der Beginn einer neuen Epoche. Wir leben in einer unsicheren und gefährlichen Zwischenepoche der Geschichte. Eingeleitet wurde sie von Putins Krieg. Wohin sie führt, liegt ganz erheblich an uns, den Europäern.

## Demokratie versus Autokratie?

Es stellt sich die Frage, ob es in der neuen Gleichzeitigkeit und Komplexität innerer und äußerer Groß-Herausforderungen für den Westen so etwas gibt wie ein strategisches Leitmotiv oder einen identitätsbildenden Kern sowohl als Grundorientierung in der politischen Gestaltung als auch der öffentlichen Kommunikation und der gesellschaftlichen Akzeptanzbildung. Der amerikanische Präsident Joe Biden hat von Beginn seiner Präsidentschaft an vor allem die Auseinandersetzung mit China und den Krieg Russlands gegen die Ukraine als Teil einer grundsätzlichen und globalen Auseinandersetzung zwischen Demokratie und Autokratie eingeordnet. Er hat damit eine dezidiert moralische und normative Charakterisierung gewählt und einen Rahmen gesetzt, in dem es Schwarz und Weiß gibt und in dem es um den Gegensatz und Widerstreit zwischen Gut und Böse geht.

Diese Rahmensetzung ist verlockend, weil sie – wenn sie stimmt – dem Westen eine fundamentale und extrem starke Legitimation vermitteln würde. Äußerlich spricht viel dafür, dass es sich bei den Konflikten um den Gegensatz von Demokratie und Autokratie handelt. Dieser Gegensatz beschreibt zunächst sowohl den Westen als auch die Gegner des Westens in den unterschiedlichen Konflikten zutreffend in ihrem Wesen. Der Begriff des Westens ist nicht geografisch, sondern normativ gerade darin definiert, dass er die Staaten bezeichnet, die durch die Prinzipien der liberalen Demokratie verfasst sind. Es trifft weiterhin zu, dass sich Staaten wie China, Russland und die Islamische

Republik Iran und auch eine Terrororganisation wie die Hamas gerade selbst in ihrer Gegnerschaft zu liberalen Werten wie der individuellen Menschenwürde, dem Mehrheitsprinzip der Demokratie und der Herrschaft des (säkularen) Rechts definieren.

Es ist auch zweifelsohne richtig, dass die hier behandelten Konflikte und Kriege nicht existierten, wenn sie nicht diesen fundamentalen normativen Gegensatz zur Grundlage hätten. Vor allem die zutreffende Beschreibung des internationalen Wettbewerbs zwischen China auf der einen und den USA und dem Westen auf der anderen Seite als geopolitischer Systemkonflikt basiert auf diesem Gegensatz. Ginge es bei diesem Wettbewerb nur um einen Gegensatz von Interessen – und wären diese Interessengegensätze auch noch so bedeutend und schwerwiegend –, würde es sich nicht um einen Systemkonflikt handeln.

Entgegen seiner äußerlichen Plausibilität und kommunikativen Verlockung ist das Narrativ, dass es sich bei den hier behandelten Kriegen und Konflikten um die grundsätzliche Auseinandersetzung zwischen demokratisch und autokratisch verfassten Staaten handele, jedoch nicht tragfähig. Es ist sogar nicht nur falsch, sondern gefährlich. Wenn der Westen versuchen würde, seine Politik in den Einzelkonflikten unter diesem Narrativ zu legitimieren, würde er sich in unüberwindbare, schwerwiegende und offensichtliche Glaubwürdigkeitsprobleme stürzen. Das lässt sich in jedem der bestehenden Kriege und auch im Hinblick auf den geopolitischen Systemkonflikt mit China nachweisen. Ganz offensichtlich ist etwa jede politische Lösung im Nahost-Krieg und im Nahost-Konflikt, die die

Werte und Interessen des Westens beachtet, ohne die aktive und konstruktive Mitwirkung einzelner arabischer Staaten schlichtweg ausgeschlossen.

Nicht nur ein Ende des gegenwärtigen Krieges und die Gestaltung der unmittelbaren Nachkriegsphase, sondern vor allem die langfristige Perspektive verlässlicher Sicherheit für Israel sind abhängig von der Einbindung der arabischen Staaten in eine regionale politische Sicherheitsordnung. Keiner der arabischen Staaten wäre in dem Narrativ »Demokratie versus Autokratie« dem Modell der westlichen Demokratie zuzuordnen. Wenn der Westen, was in diesem Konflikt vor allem die USA meint, mit einem Konzept oder Anspruch anträte, im Nahen Osten der Demokratie gegen Autokratie zum Durchbruch zu verhelfen, würde er schon im Ansatz scheitern. Dies ist natürlich auch jedem bewusst, was wiederum deutlich macht, dass dieser Gegensatz als Leitmotiv westlicher Außenpolitik untauglich und unglaubwürdig wäre.

Dieses Narrativ versagt ebenfalls im Hinblick auf den russischen Krieg gegen die Ukraine. Es würde weder dem spezifischen Herrschaftssystem Putins noch dem Krieg, den er gegen die Ukraine führt, gerecht. Das wird schon dadurch belegt, dass bereits vor dem Krieg das Herrschaftssystem Putins mit dem Adjektiv autokratisch nur ganz unangemessen, nämlich viel zu harmlos, beschrieben wäre. Schon vor dem Krieg hatte Putin in Russland seit mindestens zehn Jahren eine mafiöse Kleptokratie begründet und eine an Brutalität kaum zu übertreffende innere Repression praktiziert. Seine außenpolitischen und völkerrechtswidrigen Aggressionen vom Georgien-Krieg bis zu den Kriegsverbrechen an der Seite des syrischen Diktators

Assad im Syrien-Krieg waren offenkundig. Aber all dies hatte nicht dafür gereicht, dass der Westen sich selbst in einem Konflikt mit Russland als Autokratie gesehen und sich für eine Politik unter dem Leitmotiv »Demokratie versus Autokratie« gegenüber Russland und Putin entschieden hätte. Sowohl der historische Revisionismus, die Korrektur des Ergebnisses des Kalten Krieges, den Putin in diesem Krieg verfolgt, als auch das, was für den Westen und besonders für die Europäer mit diesem Krieg und seinem Ausgang auf dem Spiel steht, geht weit über das Narrativ einer Auseinandersetzung zwischen Demokratie versus Autokratie hinaus. Europa könnte und würde mit einem »nur« autokratischen, aber nach außen nicht aggressiven und nicht expansiven Russland leben; es hat das schon getan.

Bezieht man das Narrativ »Demokratie versus Autokratie« auf den Konflikt mit China, fällt ebenso auf, dass China auch in der Zeit vor Xi Jinping unter Präsident Hu Jintao ohne jeden Zweifel eine Autokratie war. Dies war jedoch die Zeit, in der der Westen auf die Kooperation mit China setzte und die Öffnung und den Zugang Chinas zu internationalen Organisationen betrieb, was sich noch im Jahre 2016 in der Zuerkennung des Marktwirtschaft-Status Chinas in der WTO ausdrückte. Wie bereits festgestellt, wäre ohne den fundamentalen normativen Gegensatz der politischen Systeme Chinas einerseits und der USA und des Westens andererseits die Konkurrenz mit China kein Systemkonflikt. Aber das hinzutretende und notwendige Element, das zu erklären vermag, warum es sich bei diesem Konflikt um den überwölbenden globalen Konflikt handelt, ist, dass China sich unter der Herrschaft Xi Jinpings zu einem umfassenden machtpolitischen Herausforderer der globalen Führungsrolle der USA auf allen Gebieten – ökonomisch, technologisch, militärisch, geopolitisch – gewandelt hat.

Auf der Basis der Gegensätzlichkeit der politischen Systeme ist es dieser machtpolitische Konflikt, der die Auseinandersetzung zwischen China einerseits und den USA und dem Westen andererseits als den überragenden geopolitischen Konflikt konstituiert und erklärt. Die Regionalpolitik, die die USA in der indo-pazifischen Region betreiben, um zu verhindern, dass China dort eine regionale Dominanz erreicht, orientiert sich in der Zusammenarbeit mit den betreffenden Staaten ebenfalls nicht an dem Prinzip »Demokratie versus Autokratie«, sondern daran, wie ein Arrangement amerikanischer Interessen mit den Interessen der betreffenden Staaten – unabhängig von den politischen Systemen – hergestellt werden kann. Das Gleiche lässt sich von der Politik der Europäischen Union sagen, die diese auf dem Gebiet der Migrationspolitik gegenüber Staaten der MENA-Region verfolgt. Die EU verfolgt hier ihr Interesse, die Kontrolle über die Migration und die Verhinderung von Migration in die Europäische Union zu stärken. Ihre Politik zielt darauf ab, Migrationsabkommen mit den Staaten abzuschließen, die Einfluss auf Migrationsbewegungen haben. Von keinem dieser betreffenden Staaten wird behauptet, dass es sich um Demokratien westlichen Zuschnitts handele. Das Narrativ »Demokratie versus Autokratie« lässt sich aber weder sektoral noch regional begrenzen. Dieses Narrativ kann entweder nur generell und grundsätzlich oder gar nicht Geltung beanspruchen. Aber die Welt lässt sich nicht so einfach in Schwarz und Weiß und auch nicht in Gut und Böse aufteilen und Außenpolitik schon gar nicht.

## Die Krise der Demokratie in Amerika und der Krieg in Europa

Es sind wieder nicht die Europäer, sondern erneut die USA, die als entscheidende Sicherheitsmacht auch in diesem europäischen Krieg im 21. Jahrhundert wirken. In den dreißig Jahren seit dem Ende des Kalten Krieges haben sich die Europäer nicht darauf vorbereitet, selbst die Sicherheit unseres Europa gewährleisten zu können. Im Gegenteil, wir Europäer haben in den ersten zwanzig Jahren eine Friedensdividende genossen. Die Bundeswehr etwa wurde bis in den Zustand der Nichteinsatzfähigkeit zusammengespart. Danach war es vor allem die deutsche Politik, die so konsequent und so lange wie kaum eine andere europäische Regierung und gegen den entschiedenen Widerspruch und Widerstand der mittel- und osteuropäischen Regierungen die Aggressionen Putins und die von ihm ausgehende Gefahr für die europäische Sicherheit beschönigte oder gar ignorierte, bis es eben nicht mehr ging.

Bis zum Schluss hatte sich die deutsche Außenpolitik in ihren alten Sprechfloskeln selbst eingemauert – wie etwa der Formel, dass es Frieden in Europa nur mit Russland und nicht gegen Russland geben könne. Diese Formel und die daraus folgende Politik erwiesen sich als so widerstandsfähig gegen jede Realitätsveränderung, dass es des Krieges Putins gegen die Ukraine bedurfte, um ihre Protagonisten wenigstens fürs Erste zum Schweigen zu bringen. Diese Politik hatte viele Konsequenzen, unter anderem auch diese: Die Sicherheit Europas blieb amerikanisch. Nach einer inzwischen berühmt gewordenen Formulierung der bei der amerikanischen Brookings Institution arbeitenden deutschen Publizistin Constanze Stelzenmüller hatten es sich die Europäer, aber vor allem wir Deutschen bequem eingerichtet, indem wir unser Wirtschaftswachstum nach China, unsere Energieversorgung nach Russland und unsere Sicherheit nach Amerika ausgelagert hatten.

Wie teuer und unzuverlässig uns die angeblich so billige und zuverlässige Energieversorgung aus Russland, die die deutsche Politik sehenden Auges die Abhängigkeit von russischen Energielieferungen eingehen ließ, zu stehen gekommen ist, ist inzwischen allen bewusst geworden. Der industrielle, wirtschaftliche und parteipolitische Egoismus, der das ganze Land dieses Risiko eingehen und am Ende den größten Teil der Zeche bezahlen ließ, ist bis heute politisch nicht aufgearbeitet worden. Es ist schon bemerkenswert, dass ein politisches System und ein bedeutendes Land so enorme politische Fehler begehen können. Dass dasselbe Land aber nicht in der Lage ist, diese enorme Fehlleistung systematisch aufzuarbeiten und damit der Verantwortung gerecht zu werden, aus den begangenen Fehlern zu lernen und ähnliche Fehler zu vermeiden, ist unverzeihlich und ein Indiz für eine gefährliche Kontinuität an der falschen Stelle. Leider gibt es auch bereits einen neuen Anwendungsfall. Denn die Politik der gegenwärtigen Bundesregierung und vor allem des Bundeskanzlers und seiner Partei, der SPD, läuft schnurstracks darauf hinaus, im Verhältnis zu China die gegenüber Russland gemachten Fehler zu wiederholen, und zwar in einer noch ganz anderen, größeren Dimension. Es ist nicht nur so, dass Deutschland dabei ist, die alte fossile Energieabhängigkeit von Russland in eine neue Energieabhängigkeit von China im Hinblick auf die Produkte und Rohstoffe der erneuerbaren Energien einzutauschen. Vielmehr haben ganze Industriesektoren die Wachstumsstrategie ihrer Unternehmen im Wesentlichen auf den chinesischen Markt abgestellt und dorthin ausgelagert.

Im Hinblick auf die Abhängigkeit Europas von der Gewährleistung europäischer Sicherheit durch die USA dämmert es der deutschen und europäischen Politik allmählich, dass auch von dieser Seite für die Sicherheit Europas größte Gefahr droht. Denn eine mögliche neuerliche Präsidentschaft Trumps und die mit ihr wahrscheinlich verbundene grundlegende Revision der amerikanischen Sicherheitspolitik für Europa senden bereits ihre Vorboten. Über Monate hinweg hat das Trump-Lager der Republikanischen Partei im Repräsentantenhaus des amerikanischen Kongresses ein sechzig Milliarden Dollar umfassendes Hilfspaket für die Ukraine aus rein wahltaktischen Gründen blockiert, bis es dann im April 2024 unter wüsten Attacken und Drohungen seitens des Trump-Flügels der Republikanischen Fraktion vom Sprecher des Repräsentantenhauses Mike Johnson zur Abstimmung gestellt wurde. Die Gesetze fanden eine große Mehrheit, die sich aus den Abgeordneten der Demokratischen Partei und ungefähr der Hälfte der Abgeordneten aus der Republikanischen Partei zusammensetzte.

Die Zustimmung zu diesem Unterstützungspaket war zunächst unter die völlig sachfremde Bedingung gestellt worden, dass die Biden-Administration eine Veränderung ihrer Politik an der Grenze zu Mexiko herbeiführen müsse. Jede von Präsident Biden und seiner Regierung angebotene oder sogar vereinbarte Veränderung wurde monatelang von einer Mehrheit der Republikaner im Repräsentanten-haus abgelehnt. Denn es ging von Vornherein nicht um eine Veränderung irgendeiner Politik, sondern um zwei wahlkampftaktische Ziele. Zum einen sollte das Thema Immigration aus und über Mexiko in die USA »am Kochen« gehalten werden. Zum anderen deutete sich in der Blockade der finanziellen Unterstützung der Ukraine schon ein Kurswechsel der amerikanischen Außenpolitik an, der mit der erneuten Wahl von Trump während seiner Präsident-schaft radikal vollzogen werden dürfte. Es geht um die Fokussierung der amerikanischen Außenpolitik auf China und die politische und finanzielle Überantwortung der europäischen Sicherheit an die Europäer.

Was wir also in den USA erleben, ist das: Amerikanische Außenpolitik ist zum Gegenstand des innenpolitischen Kampfes und des Wahlkampfes geworden. Dies indessen ist als solches weder so neu, wie es gelegentlich dargestellt wird, noch, für sich genommen, illegitim. Es gab in der Ge-schichte der amerikanischen Außenpolitik wenig Phasen, in denen amerikanische Außenpolitik ohne Rekurs auf amerikanische Innenpolitik und deren Kämpfe und Inte-ressen auch nur zu verstehen gewesen wäre. Dass Außen-politik Gegenstand der innenpolitischen Wahlkämpfe ist, ist grundsätzlich nicht nur nicht zu kritisieren, sondern sogar zu begrüßen. Auch über den Kurs der Außenpolitik muss demokratisch gestritten und entschieden werden. Allerdings erschließt sich hier ein erster Hinweis darauf, was sich in der durch Trump, seine Person und seine Methoden geprägten politischen Verfassung des Landes und der Demokratie in Amerika verändert hat und eben nicht mehr mit früheren Wahlkämpfen und Auseinandersetzungen zu vergleichen ist. Es ist die Bereitschaft der eingeschworenen Anhänger Trumps im Lager der Republikaner, für die Zwecke des Wahlkampfes das Überlebensinteresse der Ukraine und die Sicherheitsinteressen ganz Europas als Geisel zu nehmen.

Dies ist Ausdruck einer Erosion des traditionellen außenpolitischen Konsenses zwischen der Republikanischen Partei und der Demokratischen Partei, den es über Jahrzehnte gegeben hat und von dem sowohl Amerika als auch die ganze Welt und insbesondere der Westen profitiert haben. Dieser Konsens hatte zum Inhalt, dass Sicherheit und Stabilität Europas ein erstrangiges eigenes amerikanisches Interesse sind. Dafür wurden übereinstimmend mehrere Gründe gesehen. Zum einen war es das Selbstverständnis einer Wertegemeinschaft, einer Allianz von Demokratien, die als solche zusammengehörten, zusammenhalten und zusammenarbeiten sollten. Zum anderen wurden die Europäer als liberale Demokratien als die wichtigsten unter den amerikanischen Verbündeten angesehen, die sie brauchen, um ihre weltpolitische Ordnungsrolle ausüben zu können. Die USA wussten, dass eine Weltmacht überall auf der Welt Verbündete benötigt. Keine einzige dieser Sichtweisen hat mehr Geltung bei Trump. Die weltpolitische Ordnungsrolle der USA lehnt Trump ab, von den Verbündeten meint Trump im Allgemeinen und von den Deutschen im Besonderen, dass sie die USA nur ausnutzten.

Trump hat zudem innenpolitisch eine aggressive und identitäre Polarisierung in die amerikanische Politik eingeführt, die den Wettbewerber und politischen Gegner zum Feind erklärt, für politische Verständigung und politischen Kompromiss keinen Raum mehr sieht und auch die Integrität demokratischer und rechtsstaatlicher Verfahren aktiv verletzt. Amerikanische Außenpolitik wird gegenwärtig und unabhängig davon, wie die nächste Präsidentschaftswahl ausgeht, auch noch in der Zukunft unter den akuten Bedingungen der Krise der Demokratie in Amerika gemacht werden. Wenn Kamala Harris die Präsidentschaftswahlen 2024 gewinnt, wird es ein knapper Sieg sein. Er wird von Trump und dem Trump-Lager nicht anerkannt werden. Auch dass es dabei – ähnlich wie im Januar 2021 – zu Gewalt kommt, kann nicht ausgeschlossen werden.

Die Demokratiekrise in Amerika mit ihrer hasserfüllten Polarisierung wird die außenpolitische Handlungsfähigkeit der USA beeinträchtigen. In dem Szenario einer Wahl von Harris wird die Republikanische Partei, gestützt auf eine Mehrheit mindestens in einer der beiden Kammern des Kongresses, alles daransetzen, ihre außenpolitische Handlungsfähigkeit zu beeinträchtigen. In dem Falle einer erneuten Wahl von Trump zum Präsidenten wird es zu einem radikalen Bruch mit der Tradition amerikanischer Außenpolitik seit dem Ende des Zweiten Weltkrieges kommen. Es ist vor allem das hochideologisch aufgeladene Umfeld von Trump, das entschlossen ist, diese zweite Amtszeit anders als die erste Amtszeit Trumps nicht erneut zu vergeuden und sich die Chance einer grundlegenden Veränderung wesentlicher Institutionen der amerikanischen Demokratie und einer grundlegenden Neuausrichtung der amerikanischen Außenpolitik nicht entgehen zu lassen. Zwar versteht sich Trump sicher nicht als der Vollstrecker von Ideen, die in konservativen think tanks wie der Heritage Foundation ausgedacht wurden, und ein systematisches, berechenbares Regierungsverhalten von ihm wird generell nicht zu erwarten sein. Aber er ist von Ressentiments geleitet, und zu denen gehört die Überzeugung, dass die Europäer und allen voran die Deutschen Amerika ausnutzten. Er sieht darum in dem Krieg Putins keine wirkliche Betroffenheit Amerikas, sondern sieht ihn als europäische Angelegenheit. Darum darf davon ausgegangen werden, dass im Falle seiner Wahl jegliche finanzielle Unterstützung der Ukraine eingestellt wird. Dass es zu einem raschen Deal zwischen Trump und Putin kommen wird, ist nicht sicher, aber alles andere als ausgeschlossen.

Ein solcher Deal könnte nur auf Kosten der Ukraine und auf Kosten der Sicherheit Europas geschlossen werden. In diesem Augenblick wäre auch die NATO nicht mehr das, was sie in den vergangenen Jahrzehnten gewesen ist. Denn die NATO wurde um der Sicherheit Europas willen gegründet. In einem breiteren und allgemeineren Sinne würde es zu einem grundlegenden Wechsel im Anspruch und im Charakter der internationalen Rolle der USA kommen. Die USA sind immer noch das einzige Land, das über die Fähigkeit verfügt, internationale Ordnung konstruktiv zu gestalten und aufrechtzuerhalten Kein anderes Land verfügt über die Ressourcen und Fähigkeiten, in vergleichbarer Weise zu wirken. Der Wille und die Bereitschaft, diese nicht ersetzbare internationale Ordnungsfunktion wahrzunehmen, wären bei Trump als erneut gewähltem Präsidenten nicht vorhanden. Die internationale Ordnung und die Präsenz des Westens in ihr würden in der Folge weiter erodieren.

So klar man in den grundlegenden Zügen das Szenario einer Wiederwahl Trumps aus europäischer Sicht skizzieren kann, so sehr muss vor einem Missverständnis gewarnt werden. Dieses könnte darin bestehen, dass den Europäern im Falle der Wahl von Harris all dies erspart bliebe und sich an der traditionellen, durch Einseitigkeit zu Lasten der USA geprägten Arbeitsteilung für die Gewährleistung europäischer Sicherheit nichts ändern würde. Jedoch würde auch unter einem demokratischen Präsidenten von den Europäern ein grundlegend anderes, angemessenes und deutlich erhöhtes Engagement für europäische Sicherheit verlangt werden. An dieser Forderung der amerikanischen Steuerzahler kommt kein Präsident und kein Kongress der USA auf Dauer mehr vorbei. Die USA kommen zunehmend an die Grenzen nicht nur ihrer finanziellen Möglichkeiten, ihrer globalen Rolle gerecht werden zu können.

Die Notwendigkeit, dass sich die USA auf die umfassende Herausforderung durch China fokussieren, zählt zu den verbliebenen Übereinstimmungen in den außenpolitischen Vorstellungen beider Parteien in den USA. Darüber hinaus besteht in Amerika selbst ein enormer öffentlicher Investitionsbedarf bei Klimaschutz und in den früheren Industrieregionen des Landes, die schon lange wirtschaftlich und infrastrukturell abgehängt sind und in denen sich enormer politischer Unmut und große Wut angesammelt haben. Eine neue transatlantische Vereinbarung über die Lastenteilung für die Gewährleistung der Sicherheit Europas ist darum unausweichlich. Auf die Europäer kommen eine neue Qualität und eine neue Dimension in dieser Hinsicht zu. Nur dürfen wir erwarten, dass in dem Fall der Wahl von Harris dieser Prozess geordnet und in einem kooperativen Geist vollzogen wird.

Europäische Sicherheit wird also in jedem Falle weniger

amerikanisch sein; sie muss europäischer werden, um transatlantisch zu bleiben. Den Europäern steht entweder ein Entzugsschock amerikanischer Sicherheitsgewährung im Falle einer Wiederwahl Trumps oder stärkere Beteiligung an europäischer Sicherheit im Rahmen eines Prozesses bevor. Die Schockvariante würde sich im Zeitraum von Monaten einstellen. Obwohl die Möglichkeit dieses Ereignisses schon länger feststeht, haben sichtbare Vorbereitungen hierauf nicht stattgefunden. Stattdessen hört man aus der Bundesregierung: Wir warten das mal ab. Sollte es zum Wahlsieg Trumps kommen, ständen die Europäer vor der zwingenden Notwendigkeit zu handeln – aber nicht ohne Mittel und Ressourcen.

Für uns Europäer kann es keine Option sein, unser Europa, seine Sicherheit, die Perspektive auf Frieden und unseren Wohlstand aufzugeben, indem wir den Krieg und Putin gewähren ließen. Wenn die Europäer sich mit dem Hinweis auf fehlende finanzielle Ressourcen, fehlende militärische Ausrüstung und industrielle Produktionskapazitäten als nicht in der Lage erklären sollten, durch die Unterstützung der Ukraine alles zum Scheitern des Krieges aufzubringen, würden wir Europäer uns ins eigene Fleisch schneiden. Wenn wir zuließen, dass Putin mit seinem Krieg Erfolg hätte, wäre das für die Europäer die mit Abstand und dauerhaft teuerste aller Varianten. Das Argument, dass die Europäer vor allem finanziell nicht in der Lage wären, den amerikanischen Beitrag in der Unterstützung der Ukraine zu kompensieren, ist darum schon aus der eigenen Logik heraus nicht tragfähig.

Die Unterstützung der Ukraine ist die preiswerteste Politik, die die Europäer haben können. Putins Russland abzuwehren, wenn die Ukraine gefallen wäre, würde unvergleichlich teurer – und sowieso gefährlicher – werden. Dieser Ansatz ist aber auch im Übrigen verfehlt. Dreißig der Mitgliedstaaten der NATO sind europäisch. Sie erbringen eine ungefähr neunfach größere Wirtschaftsleistung als Russland. Die europäischen Mitglieder der NATO geben jährlich rund 300 Milliarden Euro für ihre Streitkräfte aus. Selbstverständlich käme auf die Europäer eine fundamental neue Herausforderung zu, und die gesellschaftlichen und politischen Diskussionen, die darüber geführt würden, würden Debatten werden, wie wir sie in den europäischen Ländern noch nicht gesehen haben. Aber am Ende geht es um eine Frage: Haben wir Europäer den Willen und die Bereitschaft, für unsere eigene Sicherheit, für die Zukunft, den Wohlstand und den Frieden unseres Europa einzustehen? Allein darum geht es. Diese Frage kommt unausweichlich auf uns zu, entweder in einigen Monaten oder in einigen Jahren.

# 4.
# FRIEDEN UND DEMOKRATIE: DER MORALISCH-HISTORISCHE IMPERATIV DEUTSCHER POLITIK

Der Krieg Putins in Europa, der globale anti-westliche, revisionistische Machtanspruch Xi Jinpings, der Krieg im Nahen Osten und die lauernde Präsidentschaft Trumps – das sind die Ingredienzien der Gegenwart für uns Deutsche und Europäer. Bei aller Offenheit der Entwicklung kündigen sie an, dass die Gegenwart ein Abschied ist und dass Deutschland und Europa nicht das bleiben, was sie in den vergangenen dreißig Jahren waren. Diese Feststellung wird nicht wenige Menschen ängstigen, obwohl es wahrscheinlich der Einschätzung und dem Gefühl von sehr vielen entspricht. Schon aus diesem inneren Ringen, das sich bei vielen Menschen abspielt, ergibt sich eine Bewährungsprobe für unsere Demokratie. Ängste bilden das Grundkapital des politischen Geschäftsmodells der Populisten und Extremen. Dieses kommt in allen Varianten und allen Ländern mit immer den gleichen zwei Scheinlösungen aus: dem Angebot eines Schuldigen – das »Establishment«, die Ausländer und so weiter – und dem Angebot einer einfachen Lösung, dem Versprechen, dass es wieder so gut wie früher werden kann.

Der populistische Missbrauch von Ängsten ist aber nur die eine Seite der Bewährungsprobe der Demokratie. Die andere Seite ist der verantwortliche Umgang mit diesen Ängsten und den berechtigten Sorgen, die mit dem geradezu revolutionären und bedrohlichen Wegfall bisheriger

verwurzelter Gewissheiten bei jedem Menschen mit offe-
nem Herz und wachem Verstand verbunden sind. Dieser
verantwortliche Umgang unterscheidet sich in der besonderen historischen Situation der Gegenwart von dem, was
üblicherweise von guter Politik und von denen, die sie
machen sollen, verlangt wird. In einer Zeit des Bruchs mit
dem Bisherigen in so vielen Bereichen des individuellen
und kollektiven Lebens und so vielfältiger Gefahren, die
von außen kommen, die uns eine gemeinsame Antwort
von innen heraus abverlangen, geht es nicht mehr um politische Einzelfragen, und seien sie von noch so großer Bedeutung. Es geht um eine Frage der Selbstbestimmung, es
geht darum, uns selbst zu definieren. Wir müssen in demokratischer Willensbildung kollektiv entscheiden, welchen
Weg wir einschlagen wollen, was die richtige Richtung ist,
welchen Stempel wir unserer Zukunft aufdrücken wollen.
Jede Politik, die diese Dimension unserer gegenwärtigen
geschichtlichen Situation nicht beantwortet und ihrer Bedeutung nicht gerecht wird, wird außenpolitisch scheitern
und innenpolitisch der Demagogie der Populisten in gefährlicher Weise Raum lassen.

Die Bestimmung der eigenen Identität setzt eine nüch-
terne Analyse der eigenen Möglichkeiten voraus. Jede Politik, die dies außer Acht ließe, wäre bestenfalls Wunschdenken, schlimmstenfalls wäre sie selbst Demagogie. Zu
den Möglichkeiten Deutschlands, die auf den vorstehen-
den Seiten behandelten Probleme der Kriege und internationalen Konflikte zu lösen, kann man mit Sicherheit
eine Feststellung treffen: Deutschland kann keines dieser
Probleme allein lösen. Deutschland allein kann weder die
Ukraine retten noch den Krieg im Nahen Osten beenden

noch haben wir entscheidenden Einfluss darauf, ob es zum Krieg Chinas gegen Taiwan kommt oder ob Donald Trump abermals zum Präsidenten der USA gewählt und welche Politik er dann betreiben wird. Aus dieser eindeutigen Feststellung folgt eine ebenso klare Schlussfolgerung. Sie liegt darin, dass schon deshalb alle nationalistischen Populisten falschliegen. Denn sie plädieren für einen Rückzug Deutschlands aus seinen internationalen Verbindungen und seinem Engagement in der Welt; sie agitieren gegen die internationalen Institutionen wie die EU und die NATO. Deutschland ist von den globalen Gefahren betroffen, wir können ihnen nicht entrinnen, indem wir den Kopf in den Sand stecken. Die nationalistischen Populisten würden Deutschland fundamental schwächen, indem sie Deutschland isolieren würden. Wir würden allein zurückbleiben, ohne den Schutz der Gemeinschaft der Demokratien.

Sosehr es stimmt, dass Deutschland keines der großen Probleme allein lösen kann, stimmt aber auch die Kehrseite dieser Aussage, und hierin liegt etwas grundsätzlich Neues. Für die Lösung jeder einzelnen der großen Fragen der Kriege und Konflikte kommt es auf Deutschland an, und für unsere eigenen Interessen können wir durch richtige Politik Entscheidendes mitbewirken. Das war während des Kalten Krieges durchaus nicht der Fall. In dieser Zeit war unser Land geteilt, die Bundesrepublik Deutschland und die DDR waren die beiden Frontstaaten im Ost-West-Konflikt. Auf westlicher Seite gab es weder eine Diskussion darüber noch die Erwartung, dass die Bundesrepublik Deutschland durch eine aktive, strategische Politik einen besonderen Lösungsbeitrag leisten könne oder solle. Von einer deutschen Führungsrolle war schon gar keine Rede. Angefangen hatte die außenpolitische Nachkriegsrolle der Bundesrepublik Deutschland ohnehin mit dem Bemühen um Wiedereingliederung in die internationale Staatengemeinschaft und die Integration in den Westen. Das hat sich seit einiger Zeit grundlegend gewandelt.

Deutschland ist zu einem unverzichtbaren Akteur in den großen Fragen der uns betreffenden internationalen Beziehungen geworden. Was aus Deutschland und Europa in der besonderen historischen Lage wird, in der wir durch Putins Krieg in Europa, Xi Jinpings globalen Machtanspruch, den Krieg im Nahen Osten und der möglichen Präsidentschaft Trumps in den USA sind, wird sich maßgeblich danach beantworten, wie wir Deutsche unser Selbstverständnis und wie wir unsere strategische Rolle in dieser Situation definieren. Alles hängt dabei an der Frage von Krieg und Frieden in Europa. Wenn Putin in diesem Krieg – selbst wenn auch nur teilweise – gewinnt, dann werden wir dieses Europa nicht wiedererkennen. Wir würden so geschwächt, so mit uns selbst beschäftigt, uneinig sein und auch wirtschaftlich unter Druck geraten, dass unsere Fähigkeiten zur Selbstbehauptung massiv Schaden nähmen. Das würde für unsere wichtigsten bilateralen und regionalen Beziehungen ebenso gelten wie für unsere Fähigkeit, uns in den großen globalen Fragen wie etwa dem Klimawandel und den technologischen Entwicklungen wie künstlicher Intelligenz gestaltend einzubringen. Denn in diesem Fall wäre Krieg in Europa die Situation, mit der wir Europäer uns aus einer Position der Schwäche heraus über viele Jahre hinweg beschäftigen müssten, was unsere Ressourcen absorbieren würde. Wir würden zum Spielball anderer Mächte und selbst immer wieder gegeneinander ausgespielt.

Aber auch diese Perspektive hat eine positive Kehrseite. Denn ob diese negative Perspektive Realität wird, ist keine schon feststehende Schlussfolgerung, es liegt nicht an den Entscheidungen anderer, es liegt an uns. Dass Krieg in Europa keinen Erfolg hat, dass europäisches Bewusstsein unserer selbst und europäisches Handeln entstehen, entscheidet sich ganz wesentlich an der Initiative, der Courage, an der Politik Deutschlands. Das große Ziel europäischen Handelns in unserer Zeit ist eindeutig: Es besteht darin, die Ukraine militärisch und finanziell so zu unterstützen, dass der Krieg Russlands gegen dieses Land scheitert. Das ist die einzige realistische Friedenspolitik, für die Europa sich entscheiden kann. Verhandeln mit Putin ist keine Option, weil Putin nicht verhandeln will, sondern weil er die Ukraine vernichten will. Sogenanntes Einfrieren dieses Krieges ist das Gegenteil von Friedenspolitik, weil es den Krieg inklusive der Kriegsverbrechen in dem von Russland besetzten Teil der Ukraine hinnimmt und im Übrigen die Tatsache ignoriert, dass Putin nicht einfrieren, sondern die Ukraine zerstören will. Friedenspolitik geht nur über den Weg, den Krieg zu besiegen. Hierin liegt unbestreitbar eine große Aufgabe, moralisch, politisch und historisch. Noch mal: Die Aufgabe besteht nicht darin, dass Deutschland den Krieg beendet und sich um Sicherheit in Europa kümmert. Die Aufgabe besteht darin, dass Deutschland als das bevölkerungsreichste, wirtschaftlich stärkste Land in der geografischen Mitte Europas gemeinsames europäisches Handeln initiiert und mitträgt, das das Ende von Krieg, die Sicherheit Europas und eine europäische Sicherheitsordnung zum Ziel hat.

Hierin liegt die objektive Möglichkeit deutscher Politik. Der verantwortliche Umgang mit den Ängsten und Sorgen vieler Menschen in unserem Land besteht darin, mit ihnen darüber zu sprechen, was Deutschland kann – und was nicht –, und was an uns hängt. Der verantwortliche Umgang verlangt also nicht nur die intellektuelle Analyse, sondern auch die Kommunikation mit den Bürgerinnen und Bürgern. Die ehrliche Analyse der Lage und das Gespräch mit den Menschen sind die notwendigen Elemente von politischer Führung, die Vertrauen begründen können. Vertrauen muss in diesem Fall nicht nur in die Regierung oder in die politisch Verantwortlichen bestehen. Entscheidend ist das Vertrauen, das wir Deutsche als Nation in uns selbst haben. Das Vertrauen, dass wir über die Kraft verfügen, eine große Aufgabe zu bewältigen, die vor uns liegt, und dass es sich lohnt, sich dieser Aufgabe zu stellen.

# Die Bilanz
# der Ära Merkel